HISTOIRE DES Peintres Impressionnistes

HISTOIRE
DES
Peintres Impressionnistes

PISSARRO, CLAUDE MONET
SISLEY, RENOIR, BERTHE MORISOT,
CÉZANNE, GUILLAUMIN

PAR

THÉODORE DURET

NOUVELLE ÉDITION

PARIS

H. FLOURY, ÉDITEUR

1, BOULEVARD DES CAPUCINES

1919

HISTOIRE
DES
Peintres Impressionnistes

I

Les peintres qui devaient s'appeler plus tard les Impressionnistes, dans leur jeunesse, lorsqu'ils se trouvaient encore inconnus, à l'état d'élèves, étaient déjà d'instinct des indépendants, ils se sentaient entraînés à rompre avec les règles traditionnelles. Ils s'étaient en conséquence donné pour guides les hommes, qui avaient alors porté la peinture le plus avant dans l'observation directe de la nature et de la vie, Courbet et Corot. Ce sont ces deux maîtres qu'ils ont d'abord suivis, chacun à part soi, sans s'être encore connus ou rencontrés. Pissarro et Mlle Morisot ont profité des conseils de Corot, Renoir a peint un moment sous l'influence de Courbet, Cézanne a emprunté à Courbet, au début, sa tonalité et sa palette. Si l'on pouvait rassembler les toutes premières œuvres des hommes qui sont devenus les Impressionnistes, on verrait, avec des différences individuelles pointant déjà, un fond commun d'une même gamme, allant des procédés de Courbet à ceux de Corot. C'est alors que Manet survint.

Rien n'est plus difficile, quand des formes d'art ou

des modes de penser ont obtenu le succès, que se de représenter la répulsion qu'ils ont d'abord pu causer. Maintenant que Manet est accepté comme un maître, on ne saurait s'imaginer l'horreur et la colère réellement causées par ses œuvres, à leur apparition. Pour expliquer le fait, il faut dire qu'elles tranchaient absolument sur ce que les autres produisaient alors communément et qu'ainsi elles venaient heurter les notions reçues et les règles acceptées. Il faut se rendre compte qu'au moment où Manet survenait, Courbet et Corot, qui représentaient la marche faite en avant, déplaisaient toujours au public, que leur liberté d'allures et de procédés n'était comprise et imitée que par une minorité de jeunes artistes; que Delacroix n'était encore généralement considéré que comme un artiste déréglé et incorrect, un outrancier de la couleur. Les membres de l'Institut, les peintres formant les élèves dans les ateliers, l'école de Rome, les hommes de lettres en général, le public restaient alors soumis à la tradition. Tous honoraient ce qu'on appelait le grand art, la peinture d'histoire, la représentation des Grecs et des Romains, le nu compris et traité d'après les formes venues de la Renaissance italienne.

Il existait surtout, à cette époque, une manière universellement enseignée et suivie dans les ateliers, pour distribuer en peinture l'ombre et la lumière et appliquer les couleurs. On ne concevait point que la lumière pût être introduite sans accompagnement obligé et corrélatif de l'ombre. On n'admettait point que les couleurs vives pussent être appliquées sans demi-tons intermédiaires. Mais avec ces pratiques de ne mettre de la lumière qu'accompagnée d'ombre, et de n'employer de tons variés qu'avec des atténuations, on en était arrivé à ne peindre que des tableaux tenus dans l'ombre, où tout l'éclat des couleurs vives et riantes avait disparu. La critique et le public s'étaient accoutumés à ce mode éteint de la peinture, il leur apparaissait, par l'habitude, naturel. On ne s'imaginait même pas qu'il pût y en avoir d'autre et on trouvait excellente la production de peintres, tenus pour des maîtres, se succédant depuis longtemps dans une même voie.

Tout à coup Manet, en 1863, au Salon des refusés avec son *Déjeuner sur l'herbe* et en 1865 au Salon avec son *Olympia*, présenta des œuvres venant, par leur dissemblance d'avec les autres, causer une horreur générale. Le fond et la forme rompaient avec ce que l'on considérait comme les règles essentielles de l'art. On avait sous les yeux des nus pris directement dans la vie, qui donnaient les formes même du modèle vivant, mais qui ainsi semblaient grossières et d'un affreux réalisme, en comparaison avec les formes du nu traditionnel, soi-disant idéalisé et épuré. L'ombre appelée à faire opposition perpétuelle à la lumière n'apparaissait plus. Manet peignait clair sur clair. Les parties que les autres eussent mises dans l'ombre étaient peintes par lui en tons moins vifs, mais toujours en valeur. Tout l'ensemble était coloré. Les différents plans se succédaient, en se profilant dans la lumière. Aussi ses œuvres faisaient-elles disparate, au milieu des autres, sombres et décolorées. Elles heurtaient la vision. Elles offusquaient les regards. Les couleurs claires juxtaposées, qui s'y voyaient, n'étaient tenues que pour du « bariolage », les tons vifs, mis côte à côte, faisaient l'effet de simples taches.

Manet souleva une telle animadversion, les railleries, les insultes, les caricatures qu'il suscita furent telles, qu'il acquit bientôt une immense notoriété. Tous les yeux se fixèrent sur lui. Il fut considéré comme un barbare, son exemple fut déclaré pernicieux, il devint un insurgé, un corrupteur à exclure des Salons. Mais alors les jeunes gens d'esprit indépendant, tourmentés du besoin de se soustraire aux règles d'une tradition vieillie, virent en ce révolté contre la banalité du temps, un initiateur et un guide et après s'être surtout portés vers Courbet et Corot, ils font un nouveau pas et se portent vers lui. Manet va donc grouper des gens jeunes, jusqu'ici séparés et inconnus les uns des autres. Ils se lieront par son intermédiaire.

A l'époque où il allait travailler au Louvre, vers 1861, il y avait rencontré deux jeunes filles, deux sœurs, qui y poursuivaient leurs études de peinture. Lorsqu'après le Salon des refusés de 1863 et le Salon de 1865 il fut devenu célèbre, le souvenir des rencontres faites au Louvre amena l'une des jeunes filles — l'autre allait se marier — à nouer avec lui des relations artistiques suivies. Cette jeune fille, Berthe Morisot, adoptait dès lors sa manière de peindre en clair, dans la lumière. Pissarro et Claude Monet l'adoptaient également. Pissarro né à Saint-Thomas aux Antilles, après être venu faire ses études en France, était retourné dans son île. Il s'était trouvé ainsi loin de tout milieu artistique, retardé dans son développement. Revenu en France pour se livrer tout entier à l'art, il s'était senti porté vers la peinture de paysage. Il peignait dans une gamme avancée pour le temps, mais qui, depuis qu'il s'est adonné à la peinture claire, paraît quelque peu sombre. Le *Déjeuner sur l'herbe* et l'*Olympia* de Manet l'avaient séduit. Il avait tout de suite su comprendre la valeur de ces œuvres, exécutées selon une formule nouvelle; aussi s'était-il mis à les vanter dans son entourage. Il fit la connaissance personnelle de Manet en 1866, pour se tenir avec lui en relations suivies.

En 1862, quatre jeunes gens : Claude Monet, Sisley, Renoir, Bazille, élèves chez Gleyre, se liaient d'amitié. Ils allaient se développer animés d'un même esprit. Claude Monet, qui devait être parmi eux l'initiateur, avait visité au printemps de 1863 une exposition de quatorze toiles, que Manet faisait chez Martinet, sur le boulevard des Italiens. Il en avait ressenti une véritable commotion Il avait trouvé là son chemin de Damas. Cependant de huit ans plus jeune que Manet, il resta plusieurs années à l'écart, sans entrer en relations personnelles avec lui. Ce ne fut qu'en 1866 qu'il alla le voir à son atelier, conduit par Zacharie Astruc, mais dès lors des liens d'amitié, qui devaient jusqu'au dernier jour se resserrer, se nouèrent entre eux. En voyant comment le groupe des Impressionnistes s'est formé, on a l'intéressant spectacle de la manière dont, à un moment donné, lorsque certaines idées sont comme flottantes dans l'air elles peuvent pénétrer des hommes différents, s'influençant, se guidant les uns les autres au point de départ, Manet avait agi sur Monet et Monet agissait maintenant sur Sisley. A la vue des œuvres claires produites par Monet, Sisley se mettait lui aussi à peindre en pleine lumière et en tons clairs. Monet et Sisley étaient des paysagistes, qui marcheraient côte à côte dans une même voie, chacun selon ses tendances. Renoir au contraire, qui venait lui aussi à la nouvelle peinture, devait s'y faire surtout place comme peintre de figures. Bazille, le quatrième du petit groupe d'amis formé chez Gleyre, après avoir montré les plus belles dispositions, allait être enlevé prématurément. Il devait être tué, en 1871, à la bataille de Beaune-la-Rolande.

En 1866, Manet voyait Émile Zola se faire avec éclat le défenseur de son art. *L'Événement*, avant l'apparition du *Figaro* quotidien, était le journal littéraire en faveur sur le Boulevard, lu de préférence par les artistes, les gens de lettres et de théâtre. Le directeur, M. de Villemessant, avait confié le compte rendu du Salon de 1866 à Émile Zola, qui débutait dans la littérature. Zola avait tout de suite présenté un éloge enthousiaste de Manet et de ses œuvres. Manet était alors honni et méprisé et Zola, par son éloge, dans un journal littéraire en faveur, avait causé une telle indignation, qu'il avait dû interrompre son compte rendu et quitter le journal. Il avait entrepris cette campagne en communauté d'idées avec un peintre, Cézanne, natif d'Aix, en Provence. Zola qui avait passé sa jeunesse à Aix, où son père ingénieur construisait un canal, y avait noué avec lui une étroite amitié. Ils vivaient maintenant unis à Paris et leur communauté d'indépendance d'idées les portait ensemble vers l'art vigoureux de Manet. Guillaumin s'était lié avec Cézanne en 1864 à l'Académie Suisse et, comme lui, après avoir d'abord peint dans une tonalité voisine de celle de Courbet, venait à la nouvelle gamme des tons clairs.

Manet avait donc rallié des hommes partis de points différents, qui ne demandaient qu'à entretenir avec lui et entre eux des relations suivies. La question se posa de se rencontrer régulièrement. Manet avait alors son atelier derrière le parc Monceau, dans la rue Guyot, une rue déserte et son atelier, presque délabré, ne se prêtait nullement à devenir un lieu de réunion. Il habitait avec sa femme et sa mère rue de Saint-Pétersbourg et auprès, à l'entrée de l'Avenue de Clichy, existait le café Guerbois, suffisamment vaste et luxueux. Ce café devint le lieu où, le soir, Manet et ses amis prirent l'habitude de se rencontrer. Les réunions commencées au café Guerbois en 1866 d'accidentelles devinrent régulières. Le groupe dont Manet avait été le premier lien, formé des peintres adoptant son esthétique, s'accrut bientôt d'artistes d'un autre ordre et d'hommes de lettres. On voyait là fréquentant assidûment Fantin-Latour, qui devait garder sa manière de peindre distincte, Guillemet paysagiste de la donnée naturaliste, les graveurs Desboutin et Belot, Duranty romancier et critique de l'école réaliste, Zacharie Astruc, à la fois sculpteur et poète. Émile Zola, Degas, Stevens et Cladel le romancier, s'y montraient assez souvent. Vignaud, Babou, Burty hommes de lettres étaient des plus assidus. Ceux-là formaient, avec les peintres rattachés directement à Manet, le fond du groupement, mais lorsque les réunions furent connues, les amis et connaissances des habitués y vinrent aussi et certains soirs le café Guerbois se remplissait de tout un monde d'artistes et d'hommes de lettres. Manet était parmi la figure dominante, avec sa verve, son esprit de saillie, la valeur de son jugement sur les choses d'art, il donnait le ton aux discussions. Sa qualité d'artiste persécuté, repoussé des Salons, honni des tenants de l'art officiel, en faisait comme le chef des hommes assemblés là, dont en art et en littérature l'esprit de révolte était le trait commun.

Pendant les années 1868, 1869 et 1870, jusqu'à la guerre, le café Guerbois fut ainsi un centre de vie intellectuelle, où des hommes jeunes s'encourageaient à soutenir le bon combat et à braver les dures conséquences à en prévoir. Car il ne s'agissait de rien moins que d'un soulèvement contre les règles et les systèmes généralement reçus et respectés. On était sous le second Empire, alors que le principe d'autorité, vigoureusement implanté dans les institutions, donnait aux corps constitués de tout ordre, aux académies, aux jurys des Salons, un immense pouvoir, leur permettant d'exercer une vraie dictature sur les choses d'art. Mais au moment où certaines formes et modes nouveaux arrivent à l'éclosion, la jeunesse les adopte et est alors possédée d'une sorte de feu sacré, tellement que les obstacles ne sont plus vus et que la résistance à vaincre ne fait qu'exciter à marcher en avant. En effet Manet et ses amis se confirmaient si bien dans leurs vues, ils s'encourageaient à ce point les uns les autres, que l'opposition, les railleries, les insultes, la misère à certaines heures, ne devaient nullement les faire fléchir et les amener à jamais dévier de la voie où ils entreraient.

Au milieu des discussions d'ordre général poursuivies au café Guerbois, Manet et les peintres ses amis se tenaient particulièrement à leur art. Ils développaient du même coup la théorie et la pratique de la peinture par tons clairs, en plein air. Les tons clairs et le plein air ont fait, dans ces années, l'objet de leurs recherches persistantes. Manet qui jusqu'à ce jour n'avait peint ses scènes d'extérieur, comme le *Déjeuner sur l'herbe*, que dans son atelier, d'après des études faites au dehors, se mettait alors à exécuter des tableaux importants directement en plein air. Il peignait ainsi en 1867, de la hauteur du Trocadéro, une vue de l'Exposition universelle, placée au Champ-de-Mars. Il peignait dans les étés de 1868 et de 1869, d'assez nombreux tableaux de plages et de mer à Boulogne. Mais il ne devait jamais consacrer à la peinture de plein air qu'une part de sa production, tandis que Pissarro, Claude Monet, Sisley, Guillaumin s'y adonneraient entièrement et que même le peintre de figures parmi eux, Renoir, s'y appliquerait, dans ces années, d'une façon dominante.

Manet et ses amis allaient donc adopter des manières de vivre dissemblables, en rapport avec leurs manières de travailler différentes. Alors que Manet, essentiellement un Parisien attaché au Boulevard, resterait à peindre des figures et des sujets dans l'atelier, pour n'en sortir qu'aux occasions spéciales où il voudrait peindre des scènes en plein air, les autres, délaisseraient Paris et s'établiraient à la campagne, abandonnant le travail de l'atelier, pour se tenir en plein air, directement devant la nature.

Les années de réunion au café Guerbois ont été fécondes. Manet donne aux hommes venus se grouper autour de lui la technique des tons clairs et lumineux et, en échange d'idées, ils s'avancent alors diversement, mais tous ensemble, dans la peinture du plein air. Il est resté, comme témoignage de cette heureuse entente, le tableau peint par Fantin-Latour, sous le titre d'*Un atelier aux Batignolles*, exposé au Salon de 1870[1]. On y voit Manet peignant à un chevalet et, autour de lui, les peintres qui avaient profité de son apport, Monet, Renoir, Bazille et les hommes de lettres, qui s'étaient faits ses défenseurs. Zola, Zacharie Astruc. C'est d'ailleurs par une licence d'artiste que Fantin-Latour a groupé ses personnages dans un atelier, car

---

(1) Maintenant au Musée du Luxembourg.

en réalité ils ne s'y sont jamais réunis de la sorte. Seul le café Guerbois les recevait ensemble.

La guerre de 1870 et l'invasion vinrent disperser Manet et ses amis.

II

Pissarro pendant la guerre devait se trouver à Londres, Monet à Amsterdam, Zola à Bordeaux, Manet demeuré à Paris devenait officier dans l'état-major de la garde nationale. Lorsque la paix fut revenue, le café Guerbois, délaissé pendant la guerre, resta définitivement abandonné. Les réunions qui s'y étaient tenues ne furent pas reprises. Pissarro, Monet, Sisley déjà établis hors de Paris avant 1870, s'y fixèrent définitivement, Pissarro à Pontoise, Monet à Argenteuil, Sisley à Voisins et bientôt après Cézanne alla lui-même résider à Auvers. Les peintres amis de Manet ne se trouvaient donc plus placés, pour continuer avec lui et entre eux des relations aussi suivies qu'auparavant.

Les rapports ne cessèrent point, mais ils furent moins fréquents et eurent lieu dans l'appartement où Manet travaillait. Peu après la guerre, il avait en effet quitté son atelier à l'écart, dans la rue Guyot aux Batignolles, pour venir occuper, 4, rue de Saint-Pétersbourg en plein Paris, un entresol, où il put recevoir facilement ceux qui le recherchaient.

Cependant les jeunes peintres peignant en tons clairs et en plein air avaient peu à peu attiré l'attention. Les réunions du café Guerbois n'étaient point restées ignorées, des journaux en avaient parlé. On avait alors plus ou moins su que des artistes se réunissaient autour de Manet et subissaient son influence. Ce groupement avait d'ailleurs paru tout à fait bizarre, formé d'hommes sûrement dévoyés. Le tableau de Fantin, un *Atelier aux Batignolles*, exposé au Salon de 1870, avait été regardé. Après cela Manet et ses amis furent désignés comme formant l'école des Batignolles. Ils avaient rallié des défenseurs encore rares, mais qui cependant achetaient de leurs tableaux et les vantaient autour d'eux. Quelques marchands étaient venus, qui en montraient à leur clientèle.

Les peintres développant une nouvelle formule commençaient donc à être connus dans le monde, qui s'occupe des choses d'art, et ils pensèrent maintenant à conquérir l'attention du grand public, en exposant systématiquement leurs œuvres. Ils eurent alors à résoudre la question de savoir s'ils exposeraient aux Salons ou ailleurs. Ils avaient pu, malgré des refus assez fréquents, pénétrer suffisamment aux Salons avant 1870. Pissarro l'aîné de tous avait commencé à exposer des paysages aux Salons, dès 1859. Refusé en 1863, il avait exposé au Salon des refusés de cette année-là. Il avait ensuite été reçu aux Salons de 1865, 1866, 1868, 1869 et 1870. Il n'avait pas encore développé sa manière claire, sa gamme de couleur dans la donnée de Courbet et de Corot s'était fait accepter. Mlle Berthe Morisot avait de même exposé à de nombreux Salons sans rencontrer d'hostilité. 1868 avait vu les futurs Impressionnistes Pissarro, Monet, Sisley, Renoir exposer à un même Salon. Renoir envoyait surtout une œuvre importante, *Lise*, peinte en plein air, et déjà claire pour l'époque, mais qui, dépendant encore de la technique de Courbet, n'avait pas suscité d'opposition décidée. Pendant ces années de début, les toiles les plus osées étaient venues de Claude Monet, qui s'était mis tout de suite, avec le plus de hardiesse, à peindre en plein air, en tons clairs et tranchés.

En définitive s'ils avaient pu avant 1870, se faire recevoir aux Salons, d'une manière fréquente, ils le devaient à ce que la notoriété acquise n'était encore que restreinte, à la circonstance que l'emploi des tons clairs n'apparaissait toujours chez eux qu'atténué et en outre à ce fait qu'épars dans les salles, leurs pratiques communes n'avaient point pu frapper, mais aussi n'avaient-ils obtenu aucun avantage commun de groupe. Ils avaient donc pu pénétrer aux Salons avant la guerre, mais lorsqu'après ils se furent enhardis à développer tout à fait leur manière, lorsqu'ils vinrent à être connus, que l'attention fut fixée sur eux, qu'ils furent tenus pour des révoltés, que leurs œuvres eurent acquis un tel caractère de nouveauté qu'elles ne purent plus passer sans soulever l'animadversion, il était certain que les Salons se fermeraient pour eux et qu'ils y seraient refusés systématiquement. D'ailleurs, en supposant qu'on les y eût encore admis, ils n'y figureraient jamais que dispersés, loin les uns des autres. Ils continueraient à n'y obtenir qu'une attention distraite, les principes qu'ils représentaient, à l'état de groupe, ne pourraient arriver à se manifester avec assez d'évidence, pour être reconnus. Ils vont donc renoncer à envoyer aux Salons. Ils exposeront ailleurs tous ensemble.

L'année 1871, par suite de la guerre étrangère et de la guerre civile, n'avait pas vu de Salon. Repris en 1872 et en 1873 les Salons ne reçurent alors d'œuvres que de la seule Berthe Morisot. Renoir, qui s'était présenté isolément à ces Salons avait été refusé. Trois ans s'étaient ainsi écoulés, sans que les futurs Impressionnistes eussent pu se montrer au public. Pour des gens jeunes, ardents, désireux de se produire, c'était un long temps. Ils se concertèrent donc afin de tenir, en 1874, une exposition particulière. Mais alors Manet eut à décider s'il allait ou non exposer avec eux. Une première divergence s'était produite entre lui et eux, lorsqu'ils étaient allés s'établir à la campagne, pour y peindre surtout en plein air, tandis qu'il restait à Paris, pour y peindre dans son atelier et n'aller travailler qu'accessoirement en plein air. Maintenant une nouvelle divergence survenait, qui accentuait la première. Il allait continuer d'exposer aux Salons, les laissant exposer ailleurs. Il avait en effet forcé l'entrée des Salons par une bataille éclatante, qui lui avait obtenu la renommée, et il ne voulait pas perdre l'avantage acquis d'y paraître, en excitant l'attention universelle, pour aller montrer ses œuvres à l'écart, d'une manière moins retentissante. Il continuera ainsi d'exposer aux Salons, pendant que ses amis, encore relativement à lui des débutants, livreront leur bataille sur un autre terrain.

Pissarro, Claude Monet, Sisley, Renoir, Berthe Morisot, Cézanne et Guillaumin se produisaient donc tous ensemble, à une première exposition en 1874. Cependant ils n'allaient pas se présenter seuls, à l'état de groupe trié, au public. Ils s'étaient associés avec d'autres artistes. C'était une tentative hardie que celle de tenir une exposition particulière, elle entraînait à des frais relativement considérables, qu'ils désiraient faire partager. Pour attirer un nombre suffisant de visiteurs et avoir plus de chances d'obtenir l'attention de la presse, ils sentaient aussi qu'il fallait élargir le cercle et s'unir à des artistes déjà plus ou moins connus, ayant, comme point de ressemblance avec eux, l'indépendance d'esprit et la liberté de l'esthétique. Ils s'étaient donc combinés, pour former un assemblage, qui prit le titre de *Société anonyme des artistes peintres, sculpteurs et graveurs*, avec Degas, Bracquemont, de Nittis, Brandon, des paysagistes Boudin, Cals, Gustave Collin, Latouche, Lépine, Rouart et quelques autres, en tout trente exposants.

Une grande salle d'exposition manquant au centre de Paris, la *Société* avait loué, 35, boulevard des Capucines, une suite de pièces occupées par le photographe Nadar. Ce local se trouvait sur un boulevard, où passe tout Paris. Les affiches mises à la porte, attireraient suffisamment les regards pour qu'un assez grand nombre de visiteurs se décidat à monter l'escalier et à payer le franc d'entrée, sur lequel les exposants comptaient pour couvrir leurs frais. L'exposition s'ouvrit le 15 avril. Le nombre des visiteurs fut relativement considérable et la notoriété fort accrue qu'acquirent en particulier les peintres de la nouvelle peinture, dut les satisfaire. Mais d'ailleurs ce furent une notoriété et un renom désastreux. Le public ne vit en eux que des artistes dévoyés, ignorants, présomptueux, ne peignant que des choses informes.

Cependant ils allaient voir sortir pour eux de cette exposition une conséquence, qu'ils n'avaient pas prévue. Ils allaient en obtenir un nom, chose qui leur avait manqué jusqu'alors. En effet on a vu qu'en parlant d'eux, nous n'avons trop su comment nous y prendre pour les dénommer, disant les amis de Manet, ou les peintres de la nouvelle peinture, ou les futurs Impressionnistes. De même jusqu'en 1874 ceux qui pouvaient s'occuper d'eux, à un titre quelconque, ne savaient comment les désigner. Un nom leur manquait. Les uns disaient les peintres de la nouvelle peinture. C'est ce titre de la *Nouvelle peinture*, que Duranty, dans une brochure qui leur était consacrée, prenait personnellement; d'autres les appelaient les Indépendants ou encore les Intransigeants. Cependant quand une chose existe, une appellation survient sûrement pour la désigner.

Au milieu des trente peintres qui se produisaient sur le boulevard des Capucines, les amis de Manet, ayant hardiment adopté la pratique des tons clairs et du plein air, attiraient surtout les regards. Claude Monet avait envoyé des toiles particulièrement caractéristiques et c'est l'une d'elles, qui allait faire surgir le nom. Il en exposait cinq, dont l'une avait pour titre : *Impression, soleil levant*, une vue prise dans un port. Des bateaux sur l'eau, légèrement indiqués, apparaissaient au travers d'une buée transparente, qu'éclairait le soleil rouge. Au titre *Impression* correspondait une touche rapide et légère et des contours fondus, dans une enveloppe générale. Cette œuvre donnait bien la formule de l'art nouveau, aussi par son titre et sa facture fit-elle naître l'expression qui paraissait le mieux caractériser les artistes, qui le représentaient, celle d'*Impressionnistes*.

Le mot, venu en quelque sorte spontanément sur les lèvres des visiteurs, fut pris et appliqué par *le Charivari*, le 25 avril. Un de ses rédacteurs, Louis Leroy, mettait EXPOSITION DES IMPRESSIONNISTES, en tête d'un article consacré aux exposants du boulevard des Capucines. Le nom nouveau n'était du reste employé que dans le sens le plus défavorable, approprié à des hommes considérés comme ignorants et présomptueux. L'article n'était qu'une suite de railleries et de sarcasmes. *Le Charivari* était alors dirigé par Pierre Véron, un homme sans jugement artistique. Il faisait systématiquement bafouer Manet. Il devait repousser Forain comme dessinateur, incapable de découvrir la moindre apparence de talent dans ce qu'on lui montrait de lui. Et maintenant que les Impressionnistes survenaient, il ne laissait apparaître leur nom dans son journal qu'à titre de dénigrement.

Le nom d'Impressionnistes, employé par *le Charivari*, mit du temps à se répandre ; il ne devint d'un usage général qu'après quelques années. Les artistes auxquels on l'appliquait ne le remarquèrent d'abord point ; puis lorsqu'il fut assez répandu pour qu'ils ne pussent l'ignorer, ne le voyant employé qu'en mauvaise part, ils le repoussèrent. Ce ne fut qu'ensuite, lorsqu'il fut tout à fait usité, que faute d'avoir pu trouver eux-mêmes un autre nom à se donner, ils finirent par l'accepter et se l'appliquer. L'exposition d'avril 1874, sur le boulevard des Capucines, quoiqu'elle n'ait attiré que la curiosité banale des passants, ou n'ait été signalée que comme chose méprisable, a marqué, on le voit maintenant, une date importante dans l'histoire de l'art français au XIXe siècle. Là se sont produits ensemble, pour la première fois, des peintres dont la technique, le système, les procédés constituaient un apport nouveau et là encore se créaient les mots Impressionnistes et Impressionnisme, dont on peut dire qu'ils ont fait le tour du monde.

En attendant, les peintres que nous appellerons maintenant les Impressionnistes ne retiraient que mépris de leur exposition. Leurs œuvres devenaient invendables. Les soi-disant connaisseurs, les collectionneurs se refusaient tout particulièrement à en acheter. Les Impressionnistes devaient le reconnaître, à l'occasion d'une vente qu'ils tentaient, en mars 1875. Ils l'avaient entreprise tant pour continuer à se montrer au public, à défaut d'une exposition qu'ils n'étaient pas à même de faire cette année, que pour se procurer quelque argent. Claude Monet, Sisley, Renoir, Berthe Morisot faisaient donc passer aux enchères, à l'Hôtel Drouot, 70 tableaux. Ceux qu'ils essayaient de pousser, en élevant quelque peu les prix, devaient être retirés. Ils ne trouvaient d'acquéreurs pour les autres laissés à des prix très bas, que dans un tout petit cercle d'amis. Le total de la vente ne dépassait pas 10.349 francs, tant pour les tableaux retirés que vendus.

Cependant ils n'étaient pas hommes à fuir le combat. Ils renouvelleraient leurs expositions avec persistance. Ils n'avaient pas été en mesure d'en tenir une en 1875, et leur seconde exposition ne put avoir lieu qu'en 1876, deux ans après la première. Elle se fit dans les galeries de M. Durand-Ruel, rue Le Peletier. Pissarro, Claude Monet, Sisley, Renoir, Berthe Morisot s'y représentaient ensemble. Une recrue Caillebotte apparaissait avec eux pour la première fois ; Cézanne et Guillaumin manquaient. Le nombre des peintres n'appartenant pas à leur système avait décru. Au lieu de 30 exposants en 1874 il ne s'en trouvait en tout que 19 en 1876. Le nom d'Impressionniste devint d'un usage courant, à l'occasion de cette seconde exposition. Les visiteurs, les journalistes, les critiques s'en servirent, comme d'un terme approprié et expressif.

Les Impressionnistes retiraient donc de leur seconde

exposition un surcroît de notoriété, mais sans progresser dans la faveur publique. Au contraire, à mesure qu'ils devenaient plus connus, ils se voyaient plus méprisés. Voici par exemple de quelle manière Albert Wolff, alors réputé comme critique, parlait d'eux dans le *Figaro* du 3 avril 1876 : « La rue Le Peletier a du malheur. Après l'incendie de l'Opéra, voici un nouveau désastre qui s'abat sur le quartier. On vient d'ouvrir chez Durand-Ruel une exposition qu'on dit être de peinture. Le passant inoffensif entre et à ses yeux épouvantés s'offre un spectacle cruel. Cinq ou six aliénés, dont une femme, s'y sont donné rendez-vous pour exposer leurs œuvres.

« Il y a des gens qui pouffent de rire devant ces choses-là, moi, j'en ai le cœur serré. Ces soi-disant artistes s'intitulent les Intransigeants, les Impressionnistes. Ils prennent des toiles, de la couleur et des brosses, jettent au hasard quelques tons et signent le tout. C'est ainsi qu'à Ville-Évrard des esprits égarés ramassent les cailloux sur leur chemin et croient avoir trouvé des diamants ».

Plus que jamais décidés à poursuivre le combat, ils organisaient une troisième exposition, en avril 1877. Elle se tenait au n° 6 de la rue Le Peletier, au premier étage d'une maison en réparation, loué pour la circonstance. Ils disposaient ainsi des pièces d'un vaste appartement, qui leur donnait l'espace suffisant pour montrer les 241 toiles réunies. Ils étaient sur une rue passante, en vue du Boulevard, ce qui leur assurerait des visiteurs.

Cette fois-ci le groupe des Impressionnistes purs remplissait presque entièrement l'exposition. En effet, renonçant au titre primitif de *Société anonyme*, qui ne constituait point un vrai nom, ils se décidaient à s'approprier le nom d'Impressionnistes, qu'on leur avait donné à leur insu et qu'ils avaient jusqu'ici repoussé. Pendant l'exposition ils allaient publier, sous le titre de l'*Impressionniste, Journal d'art*, une feuille de propagande, ornée de dessins. Cette prise de possession du mot Impressionniste avait amené à se retirer ces artistes moins osés, peignant dans une gamme moins colorée, qui s'étaient à la première exposition tenus avec eux. Au lieu de trente exposants en 1874 et de dix-neuf en 1876, il ne s'en trouvait plus maintenant que dix-huit. Et comme tous les vrais Impressionnistes revenaient cette fois-ci ensemble, Pissarro, Claude Monet, Sisley, Renoir, Berthe Morisot, Cézanne, Guillaumin, avec Caillebotte et quelques autres recrues, leurs tableaux tenaient presque toute la place. De ce fait l'exposition, moins mélangée, avait un caractère plus tranché et une apparence d'intransigeance plus marquée que la première de 1874. En outre, comme ils étaient animés d'un même esprit et d'une égale ardeur, que se soutenant, se stimulant les uns les autres, ils avaient depuis trois ans développé et accentué les particularités qui les distinguaient, leur troisième exposition était autrement audacieuse que la première. Les Impressionnistes s'étalaient donc, cette fois-ci pour le public, dans la plénitude de leur monstruosité ; aussi produisirent-ils sur lui un effet extraordinaire d'hilarité, de mépris, d'indignation, d'horreur.

L'exposition devint un événement parisien. On en parlait comme d'une chose surprenante, dans les cafés du Boulevard, les cercles et les salons. Elle fut donc très visitée. Mais on n'y était point attiré par un intérêt artistique quelconque. On n'y allait que pour se donner un plaisir d'excentricité, par le spectacle de productions cousidérées comme extravagantes. Aussi étaient-ce des rires et des haussements d'épaules constants de la part des visiteurs. On voyait des gens qui, en perspective de la gaîté attendue, commençaient à rire dans la rue et en montant les escaliers et qui, entrés dans les salles, se tordaient au premier coup d'œil. Le courant était tellement violent que les quelques partisans ralliés par les Impressionnistes se trouvaient absolument impuissants à agir sur l'opinion d'aucun visiteur, même de ceux qu'ils connaissaient. Toute apologie ou défense qu'ils voulaient présenter, était immédiatement arrêtée, comme une prétention à se moquer du public.

L'apport des novateurs en peinture ne s'est jamais produit, au XIXe siècle, sans soulever une opposition plus ou moins violente. Si les Impressionnistes étaient aussi maltraités à leur exposition de 1877, c'est qu'ils avaient atteint leur plein développement et qu'ils montraient réellement des œuvres d'un caractère différent de ce que l'on avait encore vu. Cézanne était de tous celui qui excitait et devait exciter longtemps le plus d'horreur. On peut dire, pour caractériser l'opinion qu'on s'en formait, qu'il faisait l'effet d'un monstre, d'un ogre. Il avait mis du temps à pleinement se développer. A la première exposition de 1874, il envoyait *La Maison du pendu à Auvers*, une œuvre déjà puissante, mais qu'il devait dépasser et qu'il dépassait en effet, en intensité de coloris et en originalité de facture, avec le portrait de M. Choquet et les paysages exposés rue Le Peletier. Claude Monet, Sisley, Renoir, Guillaumin montraient, portées à l'extrême point, les particularités de l'Impressionnisme de plein air. Pissarro exposait des potagers, des champs de choux, sujets jugés absolument bas et anti-artistiques.

Les exposants, dans leur hardiesse, faisaient donc l'effet de barbares, d'ignorants, de malotrus et ils étaient traités comme tels par le public, la presse et les critiques. *Le Charivari*, qui ne leur avait d'abord trouvé un nom que pour les dénigrer, les poursuivait d'injures. On peut résumer l'opinion commune à leur égard par ce jugement, porté dans *la Chronique des Arts et de la Curiosité*. « MM. Claude Monet et Cézanne, heureux de se produire, ont exposé le premier 30 toiles, le second 14. Il faut les avoir vues pour s'imaginer ce qu'elles sont. Elles provoquent le rire et sont cependant lamentables. Elles dénotent la plus profonde ignorance du dessin, de la composition, du coloris. Quand les enfants s'amusent avec du papier et des couleurs, ils font mieux. MM. Levert, Guillaumin, Pissarro, Cordey, etc., ne méritent pas en vérité qu'on s'arrête devant eux. »

Lorsque l'exposition se ferma, les Impressionnistes étaient donc parvenus à une grande renommée, mais à une renommée qui en faisait des condamnés. Ils voulurent se procurer quelque argent, par une nouvelle vente aux enchères. Elle n'eut pas meilleur succès que la première, tentée en 1875. Quarante-cinq toiles de Pissarro, Sisley, Renoir, Caillebotte ne produisaient que 7.610 francs et encore un assez grand nombre d'entre elles avaient-elles dû être retirées. La vente eut lieu à l'Hôtel Drouot, le 28 mai, devant un public qui s'était rendu là, pour continuer les rires et les mépris dont il avait gratifié les peintres à leur exposition, rue Le Peletier. Les toiles soulevaient des huées, à mesure qu'on les présentait. On s'amusa à en passer plusieurs de mains en mains; tournées de haut en bas. C'était une plaisanterie que *le Charivari* avait inaugurée, en prétendant que dans les paysages des Impressionnistes, on ne distinguait point de ligne d'horizon, que la terre, les eaux, le ciel restant informes, on pouvait faire indifféremment du bas de la toile le haut, et du haut le bas. Cette plaisanterie devint à la mode. Elle s'établit au théâtre, où dans les revues on introduit un rapin impressionniste, incapable lui-même de découvrir le haut et le bas des toiles, qu'il barbouillait sur la scène, devant le public.

Ce soulèvement de l'opinion, ces manifestations d'universel mépris eurent pour résultat d'enlever aux malheureux artistes la possibilité de vendre leurs œuvres, même au plus bas prix. Les quelques amis qu'ils s'étaient faits, dont les ressources étaient très limitées, n'ayant pu se grossir de recrues, il ne se trouva bientôt plus personne pour en acheter. M. Durand-Ruel, le seul grand marchand qui eût réellement soutenu les Impressionnistes et qui avait commencé à leur trouver des acheteurs, lorsqu'ils n'étaient pas encore trop signalés au mépris public, maintenant que la réprobation était devenue générale, ne put plus du tout vendre de leurs œuvres. Après avoir longtemps persisté à en empiler chez lui, aux prix de gros sacrifices, il se trouva à la fin épuisé et dut s'arrêter. Alors ce furent, pendant des années, la gêne complète, la misère noire, pour ceux d'entre eux qui devaient demander au produit de leur pinceau, leurs moyens entiers d'existence.

Il faut dire, à la louange de ces hommes, que le mépris, les opprobres, la pauvreté ne les ont à aucun moment amené à dévier de leur voie. Ils se sont tenus à leur manière tant honnie, sans chercher un seul instant à la modifier en quoi que ce soit, pour se faire accepter du public. Ils ont attendu, pendant de longues années, tout le temps nécessaire, que le public vînt à eux et qu'un changement d'opinion se produisît, soutenus par la conviction qu'ils avaient de la justesse de leurs principes et de la valeur de leur art.

En 1877, à l'issue de leur exposition, les Impressionnistes ne pouvaient donc compter sur aucun appui. Leurs rares amis demeuraient impuissants et ils devaient subir l'insuccès et la misère. C'est le temps qui allait travailler pour eux. C'est leur persistance à se montrer, qui amènerait le public à se familiariser avec eux et à trouver à la fin bonnes des formes qui, à leur apparition, lui auraient semblé monstrueuses. Les Impressionnistes vont donc continuer leurs expositions. Elles n'auront plus, il est vrai, l'importance et ne feront plus le bruit de celle de 1877, qui marque comme un point culminant et le faisceau des sept se trouvera relâché. Cézanne, possesseur d'une aisance personnelle, que n'inquiétait point le souci de vente, ne prendra plus part à aucune exposition. Les autres continueront, mais parmi eux Pissarro et Berthe Morisot seront les plus assidus, tandis que Monet, Sisley, Renoir, Guillaumin, s'abstiendront à plusieurs reprises, tantôt l'un, tantôt l'autre.

Des expositions successives avaient ainsi lieu, en 1879, avenue de l'Opéra; en 1880, rue des Pyramides; en 1881, 35, boulevard des Capucines; en 1882, rue Saint-Honoré; en 1886, 1, rue Laffitte. En 1880 une exposition exclusive d'œuvres de Claude Monet se tenait sur le boulevard des Italiens, aux bureaux du journal, *la Vie moderne*. En 1883, M. Durand-Ruel, ayant loué temporairement le premier étage de la maison n° 9 du boulevard de la Madeleine, y faisait, pendant quatre mois, de mars à juin, des expositions consacrées chaque fois à un peintre, d'abord à Claude Monet, puis à Renoir, Pissarro et Sisley. On voit ainsi que les expositions des Impressionnistes changeaient chaque fois de lieu. Elles ont eu une sorte de caractère ambulant. La plupart ont encore présenté cette singularité de se tenir dans des appartements inoccupés, de maisons neuves ou en réparation, loués momentanément pour la circonstance. La principale condition que l'on demandait aux locaux était de se trouver sur une voie fréquentée, où l'on pût attirer l'attention de nombreux passants.

Ces expositions faisaient de plus en plus connaître les Impressionnistes, mais sans qu'ils vissent d'abord changer l'opinion à leur égard et qu'ils en retirassent de réels avantages. La lutte ingrate se prolongea donc pendant des années. Vers 1886-1888 le milieu devenait plus favorable. Les amis de la première heure avaient fait des recrues. De nouveaux venus se mettaient à peindre dans la gamme claire. Ils étendaient le cercle de l'impressionnisme et donnaient une certaine consécration aux premiers apparus. Des défenseurs leur arrivaient dans la presse. Ils allèrent alors gagnant sans cesse du terrain. A partir des années 1894-1895 un changement décisif se produisait, qui amenait tout à coup les collectionneurs, en France et à l'étranger, à rechercher ces mêmes œuvres impressionnistes d'abord si honnies et méprisées.

L'époque de la misère était passée et, quoique l'opposition et le dénigrement persistassent dans de nombreux quartiers et que la lutte dût être poursuivie, la victoire éclatante et définitive ne fut plus douteuse.

III

Comment l'art des Impressionnistes présentait-il des traits inattendus ? D'où lui venait cet aspect à part, qui excitait d'abord le rire, le mépris et l'horreur ?

A leur point de départ les Impressionnistes avaient pris à Manet la technique des tons clairs, débarrassés des ombres traditionnelles et ils s'étaient mis à peindre directement en plein air devant la nature. Ils avaient trouvé déjà en usage la pratique de peindre en plein air, ils n'en étaient pas les inventeurs. Constable en Angleterre, Courbet et Corot en France l'avaient appliquée auparavant, mais ceux-ci ne s'en étaient servi qu'accessoirement pour obtenir des esquisses et des études, leurs vrais tableaux étant toujours peints à l'atelier. La grande innovation des Impressionnistes, avait été de généraliser l'exception. Ils s'adonnèrent systématiquement à la peinture du plein air. Tous leurs paysages, pour les peintres de figures, tous les tableaux avec fonds de paysage, furent exécutés au dehors, dans l'éclat vif de la lumière, devant la scène à représenter.

L'emploi exclusif des tons clairs et l'usage persistant de peindre en plein air, dans la lumière, formaient une combinaison neuve et hardie, d'où devait sortir un art aux traits nouveaux. En effet le peintre qui se tenait tout le temps devant la nature était conduit à en saisir les colorations variées et fugitives, négligées jusqu'alors. Un paysage n'était plus pour lui le même, par le soleil ou le temps gris, par l'humidité ou la sécheresse, le matin, à midi ou le soir. Le peintre enfermé dans l'atelier avait donné à la nature une sorte d'aspect uniforme, de caractère constant, que le peintre en plein air ne pouvait connaître. Pour le peintre dans l'atelier, le feuillage avait été d'un vert déterminé, l'eau avait eu une « couleur d'eau » permanente, le ciel avait été d'un certain bleu et les nuages d'un certain gris. Mais à l'Impressionniste les scènes naturelles, sur lesquelles il tenait tout le temps les yeux, ne purent se présenter que sous les aspects divers, que les variations de la lumière et les changements de l'atmosphère leur faisaient prendre. Et comme l'Impressionniste disposait des ressources procurées par l'emploi des tons clairs, débarrassés d'ombres, il put appliquer sur ses toiles ces couleurs éclatantes, qui correspondaient aux effets variés que les scènes naturelles lui offraient. On vit ainsi apparaître, dans les tableaux des Impressionnistes, les plaques de lumière que le soleil, passant à travers le feuillage, étend sur le sol, on vit reproduire les verts tendres et aigus qui couvrent la terre au printemps, les champs brûlés en été par le soleil prirent des tons roussis, l'eau n'eut plus de couleur propre, mais les reçut toutes en succession. Puis les Impressionnistes ayant découvert que les ombres, selon les effets de lumière, sont en plein air diversement colorées, peignirent sans hésiter des ombres bleues, violettes, lilas.

Les œuvres ainsi exécutées présentèrent tout à coup au public une coloration, qu'il n'avait encore jamais vu apparaître en peinture. Elles pouvaient bien correspondre au véritable aspect de la nature, vue d'une certaine façon, mais comme personne n'a l'habitude de regarder la nature, pour décider de sa correspondance avec les tableaux peints, qu'on ne juge que par comparaison avec le genre de peinture alors accepté et qui a façonné les yeux, les œuvres des Impressionnistes devaient à leur coloris nouveau et imprévu, une méconnaissance absolue.

En outre les Impressionnistes, parce qu'ils peignaient directement devant la nature, étaient amenés à présenter des formes générales autres que celles des devanciers. Ils n'ont plus eu le temps et la faculté d'exécuter le travail de reconstruction, de métamorphose, d'embellissement, auquel s'étaient livrés les peintres demeurés à l'atelier. Non seulement leurs œuvres ont pris de ce fait un aspect plus simple, mais l'ordre des motifs s'est étendu. Les devanciers, arrangeant dans l'atelier, avaient rendu la nature sous certaines apparences préférées. Ils avaient recherché des sites jugés particulièrement nobles, pittoresques et, comme tels, tenus seuls pour dignes d'être reproduits. L'Impressionniste parti pour peindre en plein air, frappé par un effet momentané de l'atmosphère ou de la végétation, se mettant directement à le fixer sur la toile, à l'état d'œuvre définitive, ne s'est plus inquiété du site où il le découvrait. Il était sur la grande route et il l'introduisait sur sa toile avec les arbres ébranchés qui la bordent, et ce motif lui paraissait aussi noble que tout autre. Il se trouvait devant un village et il le peignait avec les jardins potagers ou les champs de légumes, qui pouvaient l'entourer. Lorsqu'il rencontrait de l'eau, il ne se demandait point, comme l'avaient fait tant d'autres, si elle était limpide et apte à refléter les objets, mais il la saisissait sous tous ses aspects, la trouvant aussi intéressante par les temps gris et les grandes pluies, qui la rendent jaune et opaque, que par le soleil qui en fait un miroir transparent.

Les œuvres des Impressionnistes, en ne mettant plus sous les yeux du public des tableaux arrangés, des sites choisis, des motifs embellis, rompaient avec les formes admises et, par surcroît, les touches fondues, la facture large, employées à leur exécution, ajoutaient de nouveaux traits imprévus à leur physionomie anormale. Les contours dans les œuvres impressionnistes n'avaient pu rester aussi arrêtés que dans l'ancienne peinture, les lignes aussi rigides, les formes aussi précises. Quand l'Impressionniste peignait le brouillard ou les buées qui enveloppent les objets, quand il peignait les plaques de lumière vacillantes, qui, à travers les arbres agités par le vent, viennent éclairer certaines parties du sol, quand il peignait l'eau houleuse de la mer, se brisant en embrun sur les rochers, ou le courant rapide d'une inondation, il ne pouvait espérer réussir à rendre son effet, qu'en supprimant les contours rigides et arrêtés. C'était réellement l'impression que les choses faisaient sur son œil qu'il voulait rendre, des sensations de mouvement et de lumière qu'il voulait donner et il ne pouvait y parvenir, qu'en laissant souvent sur sa toile les lignes indéfinies et les contours flottants.

Le public se trouvait donc déconcerté de toutes les manières devant les œuvres des Impressionnistes. Elles lui offraient un système de coloris, une variété de tons, un éclat de lumière tout nouveaux, elles ne lui présentaient plus ces sites choisis, ces motifs arrangés, auxquels il était accoutumé, elles substituaient une touche large, des contours flottants aux lignes arrêtées traditionnelles. Ne possédant plus ces traits que l'habitude avait fait considérer comme essentiels dans toute œuvre d'art, elles faisaient naturellement l'effet de choses grossières, monstrueuses, de simples esquisses ou ébauches sans formes.

IV

Nous avons évité de comprendre Degas parmi les Impressionnistes, bien qu'il se soit tenu tout le temps avec eux aux expositions et qu'aujourd'hui on le classe aussi communément avec eux; mais c'est qu'aujourd'hui la portée du nom d'Impressionniste s'est énormément étendue et a perdu toute précision. Si l'on veut rester exact, on doit tenir Degas à part des Impressionnistes; ses origines, la nature de son art l'en distinguent. On va du reste à l'encontre de ses désirs lorsqu'on en fait un des leurs. Il a personnellement toujours repoussé le titre d'Impressionniste. Quand, à l'exposition de 1877, ceux qui laissaient réellement voir ces traits qui l'avaient fait naître, l'adoptèrent, il s'y opposa le plus qu'il put. Degas n'a de commun avec les Impressionnistes que le coloris, qu'il leur doit pour une part. Autrement il n'a pas pratiqué comme eux la peinture en plein air, qui leur reste propre, sa technique est d'un autre ordre. Il a son point de départ dans la tradition classique, il est avant tout un dessinateur. Ses ancêtres sont Poussin et Ingres. On trouve à ses débuts une copie magistrale de *l'Enlèvement des Sabines* et des dessins exécutés selon les procédés d'Ingres. Sa première œuvre personnelle a été une *Sémiramis*, conçue dans la pure donnée de la peinture d'histoire, à laquelle les Impressionnistes sont toujours restés étrangers ou hostiles. Degas, pénétré de l'esprit de son temps, a délaissé la peinture d'histoire, qui l'avait d'abord séduit, pour prendre des sujets modernes, mais il n'a jamais dévié de la technique primitivement adoptée. Il est resté le dessinateur savant de la donnée classique.

On ne saurait non plus ranger parmi les Impressionnistes des paysagistes comme Boudin et Lépine, qui ont participé à la première exposition de 1874, et se sont ensuite abstenus. Ils avaient entendu se tenir sur un terrain neutre, aussi lorsque le titre d'Impressionniste prévalut et servit à désigner les expositions, se retirèrent-ils, pour qu'il ne leur fût pas appliqué. Ils étaient demeurés attachés à une coloration grise, moins audacieuse que celle des Impressionnistes et il était tout naturel qu'ils voulussent rester distincts de ceux dont ils différaient.

Nous avons maintenant à mentionner les adhérents, qui se sont joints aux premiers Impressionnistes et sont venus successivement exposer avec eux. Nous rencontrons là des artistes originaux, qui se sont, dans une mesure quelconque, appropriés les procédés et la gamme de l'impressionnisme pour en faire un emploi personnel. Ils nous donnent le spectacle du développement graduel, que peut prendre une donnée d'art. En les rangeant chronologiquement, d'après les années où ils ont pris part aux expositions, nous avons d'abord Caillebotte, qui expose dès 1876. Il montre cette année-là ses *Raboteurs de parquets*, peints il est vrai, dans une gamme de couleur un peu assoupie, mais il éclaircira sa palette, surtout sous l'influence de Claude Monet. Puis Mlle Marie Cassatt qui prend part aux expositions de 1879, 1880, 1881, 1886. Elle ne peut-être appelée Impressionniste que par son coloris, qui devient de plus en plus éclatant et lumineux. Autrement elle a subi au début l'influence de Degas. Son dessin est expressif, son art plein de sentiment. Elle a particulièrement montré ses qualités de dessinateur dans une œuvre gravée, très originale. Gauguin survient, avec les expositions des années 1880, 1881, 1882 et 1886. Il se rapproche d'abord de Pissarro et de Cézanne. Ce n'est que plus tard, à Taïti, qu'il produira des œuvres d'une palette très originale. Seurat et Signac, à l'exposition de 1886, entrent dans une voie propre, où ils se donnent le nom de Néo-Impressionnistes. Ils inaugurent la division du coloris, poussée à son extrême limite, jusqu'à l'emploi des couleurs primaires, appliquées à l'état pur, par points et minuscules touches, ce qui leur a fait donner aussi le nom de « Pointillistes »,

Les expositions des Impressionnistes s'arrêtent à l'année 1886. A ce moment, le groupe apportant une manifestation d'art nouvelle, a fait son effort d'ensemble. Ses membres, qui ont pleinement développé leur originalité, peuvent exister à l'état séparé. Les Impressionnistes désormais vont donc continuer individuellement à se pousser dans le monde et à poursuivre le combat, chacun à part soi, jusqu'au succès définitif. Mais en même temps qu'ils réussiront à être appréciés et qu'ils finiront par se faire reconnaître pour des maîtres, leur influence s'exercera de toutes parts et l'impressionnisme gagnera autour d'eux et au loin. Indépendamment des artistes originaux, que nous avons vu se rallier à eux pour participer à leurs expositions et des Néo-Impressionnistes développant une théorie propre des couleurs, on verra une foule d'artistes adopter, dans des mesures diverses, leur coloris clair et l'utiliser comme partie intégrante de leur facture. On va voir aussi survenir, alors que les procédés de l'impressionnisme auront atteint leur complet développement, des hommes qui adopteront la formule et se mettront à peindre d'après elle du premier coup, à l'état de disciples.

L'impressionnisme a fini par devenir ainsi une chose diffuse et variée, qui a pénétré de toutes façons l'art de la peinture. Mais aussi les noms d'Impressionnistes et d'impressionnisme ont-ils perdu leur caractère précis. On peut dire qu'on les étend maintenant à tous les artistes et à toutes les œuvres, qui laissent voir le rendu primesautier de la nature par un coloris clair, débarrassé des ombres conventionnelles. Dans ces circonstances sont à présent tenus pour Impressionnistes des peintres, qui ont vécu avant que le mot ne fût trouvé, d'autres qui, lorsqu'il est apparu, l'ont repoussé ou l'eussent repoussé, s'ils eussent pu se douter qu'on le leur appliquerait. Enfin le nom est donné à des vivants de tendances, de procédés, de physionomie fort divers, qui l'acceptent volontiers, depuis qu'il a définitivement pris une signification favorable et entraîne l'idée d'une technique rénovée et de sensations personnelles.

Faisant ici de l'histoire et voulant être précis, nous devons réserver au début le nom d'Impressionnistes aux artistes, qui l'ont d'abord suggéré et fait naître. Aux hommes qui, sous l'influence immédiate de Manet, ont adopté de 1865 à 1870 la technique des tons clairs, débarrassés des ombres traditionnelles, puis qui, l'ayant appliquée à la peinture en plein air, directement devant la nature, se sont, à deux expositions principales, en 1874 et en 1877, révélés avec éclat, par des œuvres d'un caractère neuf et original.

PISSARRO

Camille Pissarro naquit le 10 juillet 1830 à Saint-Thomas, aux Antilles, de parents français israélites. Envoyé jeune en France, pour faire son éducation, il fut mis chez M. Savary, qui tenait une pension à Passy, et qui lui donna ses premières leçons de dessin. Lorsqu'il fut rappelé à Saint-Thomas par son père, en 1847, ses goûts artistiques s'étaient tout à fait développés et il était arrivé à une pratique suffisante du dessin pour pouvoir la continuer, abandonné à lui-même. Son père négociant, le destinait à prendre la suite de ses affaires. Alors commença l'habituel conflit entre le jeune homme, pénétré de penchants artistiques et le père, qui veut l'en détourner.

Le jeune Pissarro, tout en vaquant aux occupations auxquelles son père l'astreignait, trouva le temps de se livrer au dessin. Son maître de pension, à Paris, lui avait dit au départ : « Surtout n'oubliez pas de dessiner des cocotiers d'après nature. » Il dessinait donc des cocotiers d'après nature et les objets qui, autour de lui, frappaient ses regards. En 1852 un peintre danois, Fritz Melbeye, qui passait à Saint-Thomas, intéressé par ses goûts artistiques, l'emmena à Caracas, où il put dessiner tout à son aise. En 1853, devenu majeur, à même d'adopter la carrière de son choix, il revint en France pour se consacrer entièrement à l'art.

Il se sentit porté vers Corot et entra en relations personnelles avec lui. On doit toujours en histoire tenir compte des dates. Il ne faut donc point se représenter Corot, en 1855-1860, autrement que comme un artiste qui, peignant d'une manière originale, n'était encore apprécié que d'une minorité de peintres et de connaisseurs. Pissarro, en le recherchant, laissait voir tout d'abord sa sûreté de jugement et son besoin d'innovation. Il s'était déjà adonné dans son île de Saint-Thomas à travailler en plein air. Les conseils de Corot, qui recommandait surtout de se tenir devant la nature, ne pouvaient que le confirmer dans cette pratique. Il ne devint donc jamais l'élève régulier d'un de ces maîtres, qui tiennent des ateliers en renom. Il fréquenta seulement de ces académies, où l'on peut dessiner et peindre d'après le modèle vivant et il se consacre à la peinture de paysage. Il réside dans les environs de Paris, en 1859 à Montmorency, en 1863 à la Varenne-Saint-Hilaire, en 1867 à l'Hermitage, à Pontoise. Il envoie pour la première fois au Salon en 1859 un paysage, peint à Montmorency, qui est reçu. Il est refusé aux Salons de 1861 et de 1863. Il expose ses paysages au Salon des Refusés en 1863. Ses paysages sont ensuite reçus aux Salons de 1864, 1865, 1866.

Il peignait alors dans une gamme un peu sombre, dans la manière qui prévalait parmi les peintres influencés par Courbet et Corot. Ses paysages de cette première époque sont particulièrement fermes, par plans simplifiés, dans une gamme de verts et de gris sobres. Mais la sensation du plein air et des valeurs s'y trouve déjà et les oppositions traditionnelles de parties tenues dans l'ombre et d'autres éclairées artificiellement, ne s'y trouvent point.

A ce moment Manet survint. Il repoussait la pratique généralement suivie des oppositions constantes d'ombres et de clairs, pour peindre en pleine lumière et juxtaposer, sans transition, les couleurs les plus tranchées, ce que personne n'avait encore réellement fait. Pissarro fut tout de suite attiré par cette technique. Il fit la connaissance personnelle de Manet en 1866 et lorsque le café Guerbois fut devenu un centre, où les révoltés contre l'art officiel et les audacieux en quête de renouveau prirent l'habitude de se rencontrer avec Manet, il le fréquenta d'une manière suivie. Il s'y lia d'amitié avec Claude Monet et les autres artistes, qui devaient être appelés les Impressionnistes. Il était là un des tenants de la peinture en plein air. Il s'y livrait depuis des années et maintenant il la préconisait, en y appliquant la technique des tons clairs, adoptée par lui et ses amis, comme une heureuse innovation.

Pissarro après s'être marié vint habiter en 1868, à Louveciennes, une maison située sur la grande route de Versailles à Saint-Germain, tout près des arcades de l'aqueduc de Marly. Il devait y rester jusqu'à la guerre et les trois années 1868, 1869 et 1870 lui ont été profitables. Il peint d'une manière de plus en plus claire. S'il était possible de ranger chronologiquement les paysages exécutés à cette époque, on y verrait la progression vers la clarté et la lumière s'accomplir, on pourrait dire jour par jour.

Il n'avait en réalité point vendu de tableaux jusqu'alors.

Sa mère lui faisait, depuis son retour en France, une petite pension qui lui avait permis de vivre mais qui cesse à ce moment où, heureusement pour lui, il commence à pouvoir vendre de ses toiles. Celles qu'il peignait à Louveciennes lui étaient en partie achetées par un marchand qu'on appelait le père Martin. C'était un brave homme, qui avait exercé l'état de maçon avant de se mettre à vendre des tableaux. Il était connaisseur d'instinct. Il avait, un des premiers, tenu des tableaux de Corot et de Jongkind, maintenant que ces deux peintres étaient acceptés et que leurs œuvres atteignaient un certain prix, recherchant de nouveaux venus, il était entre autres allé à Pissarro. Il lui payait ses petites toiles 40 francs. Il s'efforçait de les vendre 80 francs. Quand il ne pouvait y parvenir, il se rabattait sur le prix de 60 francs, satisfait d'un bénéfice de 20 francs. Les petites toiles de cette époque ont aujourd'hui pris place dans les meilleures collections. Elles sont parmi les plus appréciées de Pissarro. Ce sont des vues de la grande route, près de laquelle il habitait, ou la reproduction des motifs champêtres, qui s'offraient aux alentours.

Pissarro se livrait paisiblement à son art, lorsqu'il fut surpris par la guerre, en 1870. Sa maison, dans le rayon de l'investissement de Paris, allait être occupée avec toutes celles du voisinage par les soldats allemands. Il dut l'abandonner précipitamment, y laissant les nombreuses toiles, accumulées depuis qu'il peignait autour de Paris. Ce fut pour lui un désastre. Ses toiles furent perdues. Elles ont probablement été brûlées, car on n'en a point retrouvé de traces. C'est ce qui explique, que ses œuvres de début, celles qu'il peignit avant 1868, soient si rares aujourd'hui.

Pissarro chassé de Louveciennes par l'invasion allemande se réfugia, d'abord dans la Mayenne chez Piette, puis à Londres, où il séjourna pendant la guerre et la Commune. Il y peignit des vues dans les environs, en particulier à Norwood, près du Palais de Cristal. Lorsque la guerre étrangère et la guerre civile eurent pris fin, il rentra en France pour s'établir à Pontoise, où il demeura dix ans, de 1872 à 1882.

A cette époque Cézanne vint résider à Auvers, où se trouvait déjà Vignon. Pissarro tout auprès, à Pontoise allait les retrouver. Ils formèrent ainsi un trio travaillant ensemble, causant de leur art, se communiquant leurs idées. Cézanne n'avait encore guère peint de tableaux qu'à l'atelier. Ce fut à Auvers, à côté de Pissarro et de Vignon, qui eux travaillaient depuis longtemps en plein air, qu'il se mit, avec la ténacité qui lui appartenait, à peindre des paysages directement devant la nature. Ce fut aussi à ce moment qu'il trouva son coloris tout à fait personnel. Il s'était avancé dans une voie qu'il n'avait pas encore parcourue, à l'exemple de ses deux amis, mais lorsqu'il eut développé sa gamme de tons, harmonieuse dans ce qu'on pourrait appeler la violence, les autres surent en profiter. A cette époque Pissarro peint des paysages où entre, pour une part, un coloris éclatant, suggéré par celui de Cézanne.

En faisant l'histoire des Impressionnistes, on a sans cesse à noter l'influence qu'ils ont exercée les uns sur les autres et les emprunts qu'ils se sont faits mutuellement. Unis et engagés dans une même voie, ils se développaient côte à côte. Quand nous parlons ici de l'influence exercée par les uns sur les autres, il ne saurait donc être question de cette sorte d'imitation à laquelle se livrent ces gens qui, lorsqu'un procédé est complet, le prennent tout d'une pièce, pour l'appliquer servilement. Avec les Impressionnistes, il s'agit d'artistes, qui apportent au jour le jour leur part d'invention au fond commun et où chacun profite de ce que les autres ont pu trouver, mais l'adapte, en le modifiant selon son tempérament.

Pissarro avait encore mis des paysages aux Salons de 1868, 1869 et 1870. Établi à Pontoise, il cesse d'exposer aux Salons, pour prendre part activement aux discussions et aux démarches des artistes ses amis, qui doivent amener l'établissement d'expositions particulières. Lorsqu'une première exposition eut lieu sur le boulevard des Capucines, chez Nadar, en 1874, il y mit cinq paysages. Il participe, par l'envoi d'œuvres caractéristiques, aux expositions qui suivent en 1876, chez M. Durand-Ruel, en 1877, rue Le Peletier. Il a aidé ainsi de la manière la plus active à la manifestation d'art, connue sous le nom d'impressionnisme. Après avoir été un des initiateurs, il devait continuer à rester sur la brèche, en envoyant de ses œuvres à toutes les expositions, jusqu'à la dernière en 1886. Il a donc grandement contribué par son assiduité à la physionomie qu'elles ont présentées. Or comme ce n'est pas la faveur qu'elles recueillirent d'abord, mais une sorte d'horreur générale qu'elles excitèrent, la vue de son œuvre est entrée pour une bonne part dans le sentiment de répulsion éprouvé. Les Impressionnistes avaient en commun certains procédés, qui paraissaient monstrueux et en plus chacun possédait de ces traits, qui, considérés isolément, ne faisaient qu'ajouter à la répulsion que la vue du groupe en son entier avait d'abord fait naître. Cela était particulièrement vrai de Pissarro, qui gardait une physionomie marquée au milieu des autres.

Pour le définir, par son trait caractéristique, on peut dire qu'il a été le peintre de la nature agreste et de la vie rustique. Il n'a aucunement recherché dans la nature les motifs rares, il n'a point cru que le peintre dût se mettre en quête d'horizons exceptionnels. Les sites, qui lui sont allés directement au cœur, où il a découvert du charme, ont été ceux qu'on pourrait appeler familiers : les coteaux plantés d'arbres fruitiers, les champs labourés ou couverts de moissons, les pâturages dans la prairie, les villages avec leurs vieilles maisons et les jardins potagers qui les environnent. Ce côté rustique de la nature lui a parlé, autant qu'avaient pu le faire aux autres ces motifs exceptionnels qu'ils avaient recherchés, en s'appliquant encore à les arranger et à les embellir, il s'en est tenu au rendu fidèle des aspects jugés avant lui les plus communs, comme tels déclarés méprisables et alors négligés. Il ne lui ont paru nullement méprisables et il a cru qu'on pouvait en obtenir des images artistiques.

Aussi ses œuvres, à leur apparition, se sont-elles trouvées, heurter les règles de goût conventionnelles, à l'époque admises et respectées. Les formes ordinaires de la nature, l'apparence de la terre rustique n'avaient encore jamais été aussi systématiquement reproduites. Les spectateurs se croyaient mis en présence de sujets tout à fait vulgaires. L'art, à leurs yeux, devait s'élever dans des régions plus hautes, planer au-dessus de la vie commune et Pissarro, tenant les yeux sur la campagne, pour la voir sous son aspect familier, faisait l'effet d'un rustre. Mais aujourd'hui que le jugement s'est rectifié, qu'on a compris que rien dans la nature n'était bas et vulgaire en soi, on a loué cette rusticité même, qui l'avait d'abord fait mépriser. On lui a su gré de cette probité, qui s'appliquait à rendre la nature en dehors des données conventionnelles. On a aimé la façon dont il exprimait la solitude de la campagne, la paix des villages, la senteur de la terre. Les champs, rendus par lui dans leur simplicité, avaient une âme, ils dégageaient un charme pénétrant.

Il vint résider en 1882 à Eragny-Bazincourt dans l'Oise. Il avait là, sous les yeux, ces campagnes rustiques qui l'attiraient de préférence, et il devait y peindre de ses toiles les plus sincères. Le pays lui plaisait, il voulut s'y fixer définitivement, il y acheta une maison. Il y demeura ainsi des années, peignant des paysages agrestes et il se fût probablement maintenu jusqu'à la fin dans cette voie, lorsqu'une légère infirmité amenée par l'âge l'atteignit. Une affection de l'œil, sans attaquer la vue, lui rendit impossible de continuer à peindre en plein air. L'œil ne pouvait plus supporter les intempéries des saisons.

Il avait alors soixante-six ans, mais il n'avait rien perdu de son ardeur et de ses facultés. Le voilà donc qui, empêché de poursuivre plus longtemps la peinture aux champs, pratiquée toute sa vie, va s'engager dans une voie nouvelle, il viendra peindre en ville. Il a trouvé le moyen de continuer à travailler avec son œil souffrant. Il ne se tiendra plus maintenant en plein air, il exécutera des vues urbaines, à l'intérieur, des fenêtres de maisons. Il commence, en 1896, à peindre de la sorte, à Rouen, les quais, les ponts, les navires chargeant et déchargeant les marchandises. Puis il peint à Paris, l'avenue de l'Opéra, d'une fenêtre de l'Hôtel du Louvre et le Jardin des Tuileries, d'une fenêtre d'une maison de la rue de Rivoli. Il a loué un appartement dans une maison de la Cité, au numéro 28 de la place Dauphine, la maison même où Mme Roland avait habité. Elle a vue sur le Pont-Neuf et la Seine. Il peint des fenêtres, le pont, les quais et le palais du Louvre. Il peindra en dernier les ports de Dieppe et du Havre. Ces vues urbaines constituent une part imprévue, ajoutée à sa production. Elles sont peintes dans une gamme, qui montre le profit qu'il avait su tirer des procédés successivement apparus, où il avait pensé qu'il y avait à puiser. Son gris fondamental est toujours de ce caractère sobre, qui est le propre de son talent, mais l'enveloppe laisse voir une coloration chaude et une lumière intense.

Pissarro était en pleine puissance de travail et, malgré la soixante-quatorzième année qui approchait, ne pensait nullement à s'arrêter lorsque la mort l'a surpris. Il venait de s'installer au n° 1 du boulevard Morland. Il allait pouvoir y exécuter une nouvelle série de vues de Paris, lorsqu'il fut pris par un refroidissement, suivi de complications internes. Il succomba le 12 novembre 1903.

Pissarro était de caractère bienveillant et d'humeur paisible. La vie avait développé en lui un grand fond de philosophie. Il avait supporté avec sérénité les années de misère et de déboires, qui suivirent les débuts de l'impressionnisme. Lorsque le succès fut venu, qu'il eut obtenu l'aisance, il en jouit sans rien changer à ses habitudes, et sans rechercher aucun de ces honneurs, décorations ou récompenses qui, aux yeux de la plupart des artistes, paraissent des choses précieuses à recueillir. Il a laissé cinq enfants : quatre fils et une fille. Le fils aîné, Lucien, s'est fait un nom comme peintre et graveur sur bois; le second, comme peintre, signe ses œuvres du pseudonyme de Manzana.

***

Pissarro, le peintre de la nature agreste, a su voir aux champs les hommes qui y vivent et y peinent. Il a fait entrer dans ses tableaux les paysans, vaquant à leurs occupations. Indépendamment de ses tableaux à l'huile, il a produit de nombreuses gouaches et tandis que ses tableaux, consacrés surtout aux paysages et aux vues de la nature, ne donnent qu'accessoirement des êtres humains; ses gouaches présentent presque exclusivement des figures et des groupes rustiques. Pour bien connaître Pissarro, comme peintre du peuple des campagnes, il faut donc l'étudier dans ses gouaches.

Lorsqu'au début il avait commencé à peindre des paysans, on avait crié au pastiche de Millet. A cette époque Millet n'était guère compris, ses œuvres, par leur caractère naturaliste, étaient très attaquées et Pissarro, venant peindre après lui des paysans pris sur le vif, paraissait de ce seul fait, le suivre servilement. Mais maintenant que de loin on peut juger les deux artistes, on se demande, alors même que Pissarro débutant n'avait pas encore développé sa pleine originalité, comment on a pu l'accuser d'imitation, comment on a jamais pu trouver une similitude entre ses créations et celles de son devancier. Millet, apparu à une époque où les formes classique et romantique occupaient presque entièrement le champ de l'art, soulève une vive opposition. Il avait serré la nature de plus près qu'on ne le faisait alors et cela suffisait pour qu'il fût méconnu. Mais Pissarro s'est comporté, par rapport à Millet comme celui-ci avait lui-même fait, par rapport aux classiques et aux romantiques. Il a dévié, plus que Millet, des procédés conventionnels et ce que Millet avait encore gardé de l'ancienne tradition, il l'a, lui, rejeté.

Ce n'est pas pour rabaisser l'un au profit de l'autre, que nous établissons cette comparaison. Toute manifestation d'art sincère, venue à son heure, a sa raison d'être et garde sa valeur, quelque soient les formes qui peuvent lui succéder. Si nous voulons marquer les différences entre l'art de Millet et celui de Pissarro, entre les êtres rustiques qu'ils ont tous les deux reproduits, c'est pour bien établir le caractère de chacun et constater l'évolution accomplie en art, au XIXe siècle, pour se rapprocher de plus en plus de la nature. Millet, qui a d'abord peint des nus, qui a conservé l'habitude de son époque de peindre la forme humaine en lui donnant une ossature sculpturale, confère à ses paysans une sorte de grandeur d'attitude, il les représente dans des poses choisies, des occupations idéalisées, que l'impressionnisme venu plus tard devait ignorer. Pissarro, en particulier, qui dès son début avait fui les ateliers parisiens, qui s'était tout de suite mis à travailler devant la nature, a rendu les êtres sous ses yeux, avec une simplicité de procédés, une vérité d'observation, dépassant tout ce qui s'était fait avant lui. Ses paysans se présentent donc sans cette part de grandeur superposée que Millet, pénétré pour une part de l'esprit de son temps, n'avait pu manquer de rechercher. Pissarro a très bien su définir le trait qui séparait son art de celui de Millet. Il m'écrivait, en mars 1881 : « Ils me jettent tous Millet à la tête. Mais Millet était biblique ! Pour un hébreu, il me semble l'être peu. C'est curieux. »

Les paysans de Pissarro sont de vrais paysans. Ils ne sont venus d'aucune idée préconçue. Ils n'ont été ni élevés, ni abaissés. Ils apparaissent, dans leurs attitudes campagnardes, avec les mouvements de corps, les expressions de visage, les gestes que leur vie pénible leur a fait prendre. Ils sont saisis dans toute la variété de leurs travaux et de leurs occupations. Ils présentent, avec un charme naïf, l'image sincère de la vie rustique.

***

Les Impressionnistes, qui ont été essentiellement des peintres, ne se sont guère adonnés à la gravure. Seul Pissarro a produit une œuvre gravée considérable. Lucien Pissarro a dressé un catalogue des eaux-fortes de son père, où 104 pièces sont décrites. Pissarro s'est essayé de bonne heure à l'eau-forte. On a de lui *Une rue à Montmartre* en 1865, deux autres pièces en 1865, trois paysages à Pontoise en 1873-1874, le portrait de Cézanne en 1874, deux pièces en 1878. Cependant ces premières productions, survenues à de longs intervalles, n'étaient guère encore, sauf le portrait de Cézanne, que des tentatives, elles n'avaient rien de très caractéristique. Lorsqu'en 1879 il commence à se livrer, de la manière la plus assidue, à l'étude des procédés divers que l'eau-forte peut connaître, et désormais ses œuvres se multiplieront et recevront, d'une technique savante, une ampleur de formes que ses premiers essais n'avaient pas connue.

C'est à l'invitation de Degas que Pissarro devait faire le pas décisif comme graveur. Degas avait conçu une publication qui prendrait le titre *Le jour et la nuit*, alimentée par les gravures d'artistes originaux. Il avait recruté, comme collaborateurs, Pissarro, Bracquemont, Mlle Cassatt, Raffaelli. On se mit à l'œuvre ensemble, Degas, avec son esprit de recherche, ne voulut pas qu'on se contentât, pour les gravures à exécuter, du travail ordinaire de la pointe. Il s'était engagé personnellement dans l'essai de procédés plus subtils et plus compliqués, devant donner des effets nouveaux et il entraîna ses collaborateurs dans la même voie. Pissarro, après des recherches soutenues, produisit la pièce qu'il destinait comme contribution au *Jour et la nuit*. Elle est maintenant désignée, dans le catalogue de ses œuvres, *Paysage sous bois à l'Hermitage*, près Pontoise. Importante par les dimensions, 25 centimètres sur 21, elle donne un paysage vu à travers des arbres, dont les troncs et les branches couvrent, jusqu'en haut, le premier plan de l'image. C'est une sorte d'aqua inte, où n'entre qu'accessoirement le travail de la pointe. Pissarro avait bien répondu à l'appel de Degas, mais il ne devait retirer aucun profit de son travail. Le premier numéro ou fascicule du *Jour et la nuit*, montré à l'exposition de 1880 des Impressionnistes, rue des Pyramides, ne trouva pas d'acheteurs. Pissarro et ses camarades, déçus dans leur espérance de succès, renoncèrent à leur publication, qui est demeurée ainsi mort-née.

Cependant Degas, avec son projet, avait fait entrer Pissarro dans une voie heureuse, qu'il allait maintenant suivre par goût. Il produira donc, à partir de 1899, de nombreuses œuvres gravées. Il avait une sorte de prédilection pour la ville de Rouen. Il y est allé peindre souvent. Il y a trouvé ainsi de nombreux motifs à graver. Vingt-quatre de ses pièces donnent des vues de Rouen.

Les vieilles rues apparaissent dans leur vétusté, on y sent la solitude et l'abandon. Mais la partie principale de son œuvre gravée est encore consacrée à la vie rustique. On a dans ses eaux-fortes les travailleurs des champs, rendus avec cette même sincérité, qu'il a montrée dans ses tableaux à l'huile et ses gouaches. Ils sont là, avec leurs corps déformés par le travail, dans les poses pénibles que nécessite l'effort prolongé, mais donnant la sensation d'un honnête labeur et d'une tâche accomplie de bonne volonté. Les titres de quelques-unes des œuvres indiquent à quelle exactitude d'effets, il s'est astreint : *Récolte de pommes de terre, Femme cueillant des choux, Gardeuse d'oies, Femme dans un champ de haricots*.

Deux grandes planches sont à signaler, par leur puissance et leur mouvement de foule : *Le marché de la volaille, Le marché aux légumes à Pontoise*, exécutées en 1891. Pissarro a su, à l'occasion, rendre d'autres êtres que les paysans, le *Portrait de Cézanne*, en 1874, est plein de vie et montre bien l'homme solitaire et replié sur lui-même. Pissarro a de même gravé son propre portrait, il n'a point pensé à s'embellir, il s'est représenté, avec ses lunettes et sa grande barbe, comme un vieillard plein de jours, plus vieux d'apparence qu'il ne l'était réellement.

Il s'est aussi adonné à la lithographie. Il a dû faire quelques essais d'assez bonne heure, vers 1874, mais ce n'est que tard, en 1896, qu'il s'y applique sérieusement. Il produit, à partir de ce moment, les quarante pièces environ, qui forment son œuvre lithographique. On y trouve des sujets analogues à ceux de ses eaux-fortes, des vues de Rouen, de Paris et des motifs rustiques.

Pissarro a montré, dans la lithographie, cette recherche

de procédés, qu'il a laissé voir dans les autres moyens dont il s'est servi. Ses images lithographiques ont été obtenues, soit par des dessins faits directement sur la pierre ou plaque de zinc, soit par des dessins sur papier, reportés sur pierre. Il s'est aussi servi du lavis sur la pierre, pour une série de baigneuses. Il a encore dessiné directement sur bois des sujets pris aux travaux des champs. Son fils, Lucien, les a gravés, d'une façon très personnelle, en sachant leur conserver leur saveur rustique.

CLAUDE MONET

Claude Oscar Monet est né à Paris, le 14 novembre 1840. Son père était négociant au Havre. Il passa donc sa jeunesse au Havre et y sentit naître sa vocation artistique. Le premier peintre qu'il connut, qui lui donna des conseils, qui lui servit de guide, fut Boudin, son aîné de quinze ans. Boudin, natif de Honfleur, s'était produit au Havre. Pensionné pendant trois ans par la ville, il avait après continué à y résider. Monet avait, dès 1855, noué avec lui des relations d'amitié, qui se continuèrent, au cours des années. Monet a peint d'abord à côté de Boudin et à une exposition, à Rouen, en 1856, à laquelle Boudin participe, il expose lui-même, pour la première fois de sa vie, un paysage peint dans la vallée de Rouelles, près de Montivilliers.

Les goûts artistiques de Monet le mirent en désaccord avec ses parents. Ils désiraient l'avoir avec eux dans leurs affaires et lorsque l'âge vint, où il lui fallut subir la conscription, ils se déclarèrent prêts à l'exonérer du service militaire, en payant la somme voulue, comme la chose se pratiquait à l'époque, mais seulement s'il renonçait à la peinture. Le jeune homme, plutôt que d'accepter cette condition, préféra faire son service militaire. Il joignit donc un régiment en Algérie, comme soldat et y resta près de deux ans. Il souffrit du climat, sa santé altérée obligea ses parents à le faire exonérer. Ils consentirent alors à ce qu'il s'adonnât tout entier à la peinture, mais ils exigèrent, en même temps, qu'il entrât dans l'atelier d'un peintre en renom à Paris, pour y faire ces études régulières, qui à leurs yeux étaient un apprentissage indispensable. Ce fut ainsi, en 1862, qu'il devint élève de Gleyre.

Il détestait le travail académique, il ne se sentait aucune affinité avec Gleyre. Il traversa donc son atelier sans y rien prendre et il l'abandonna au bout d'un an à peine de fréquentation. Ses préférences le portaient vers la peinture de paysage. C'est alors qu'un événement pour lui décisif se produisit. En 1863, il vint à connaître l'œuvre de Manet. Quatorze toiles de Manet exposées sur le boulevard des Italiens, chez Martinet, lui mirent tout à coup sous les yeux une peinture claire, où les tons vifs et tranchés étaient juxtaposés, sans l'emploi alors général d'ombres conventionnelles. Il fut séduit à première vue par cette innovation hardie. Jusqu'à ce jour il avait, comme les autres jeunes audacieux de son temps, peint dans une gamme voisine de celle de Courbet et de Corot, et ses premiers essais, comparés à ce qu'il devait produire après la révélation venue de l'œuvre de Manet, seraient aujourd'hui tenus pour noirs.

Monet s'approprie donc avec décision la nouvelle technique des tons clairs, en l'adaptant à la peinture de paysage. Cependant il ne peint pas d'abord le paysage d'une manière exclusive, car il peint aussi, au début, de grandes figures, en plein air ou dans l'atelier et il introduit assez fréquemment des figures dans ses paysages. On a ainsi de lui un grand tableau en 1866, *Un déjeuner sur l'herbe*, fort différent de celui de Manet exposé au Salon des Refusés en 1863, mais cependant conçu en partie comme une réminiscence. On a aussi un *Déjeuner dans un intérieur* de 1868, de grandes figures près d'une table, sur laquelle des plats sont étalés. Toutefois ses tableaux de figures les plus remarquables sont sans doute *Camille*, exposé au Salon de 1866 et la *Japonaise*, vêtue d'une grande robe rouge éclatante. Après cela ses préférences pour le paysage prenant tout à fait l'ascendant, il délaisse complètement la figure.

Maintenant que de loin on peut considérer son œuvre, on reconnaît combien le penchant qui l'éloignait de la peinture de figure, pour l'entraîner vers le paysage, devait être profond, car à la vue de ses tableaux de début, où sont représentés des personnages, on découvre que les visages avec leur expression humaine ont été véritablement négligés, qu'ils ne l'ont pas intéressé en eux-mêmes et qu'il pourra par conséquent renoncer à en peindre, sans que son art y perde rien d'essentiel. Ce sont en effet les vêtements qui attirent et qui sont introduits dans les tableaux, pour y amener des combinaisons de coloris et des effets de lumière. Avec *Camille* et *La Japonaise*, de magnifiques morceaux de peinture, le costume, non le visage joue le grand rôle. Dans *Camille*, les raies vertes et noires du jupon produisent la combinaison de coloris séduisante et dans *La Japonaise*, le rouge de la robe, avec les broderies en relief et les éventails multicolores piqués sur le fond, constituent le vrai motif du tableau.

Monet a donc délaissé la reproduction de la figure humaine, qui n'a été pour lui qu'une pratique accessoire du début, et il se consacre d'une manière exclusive au paysage. Il a pris pour règle de peindre ses paysages directement, en plein air. Il les exécutera, quelles que soient leurs dimensions, en tenant tout le temps les yeux fixés sur la scène naturelle à représenter. Chez lui cette pratique engendre une conséquence qui se produira pour d'autres, mais qui se produira pour lui d'une manière plus décisive et avec des marques plus saisissantes, que pour tous autres. Elle l'amène à saisir, dans chaque scène naturelle, l'aspect particulier, la notation fugitive de lumière ou de coloris, sous lesquels elle s'offre au moment où il se met à la peindre. Un paysage de lui ne représente donc point une scène naturelle sous une face permanente, d'une manière existant à l'état fixe ; la charpente, l'ossature, si l'on peut dire, de la scène à rendre seront fixées, sur la toile, revêtues d'un aspect fugitif et d'une ambiance particulière, saisis au besoin au passage et notés dans leur existence éphémère.

Par exemple, il se met à peindre un paysage le matin, au lever du soleil, dans la buée, et, comme il ne peint un motif quel qu'il soit, qu'autant qu'il peut l'avoir sous les yeux, voulant fixer son effet de soleil levant et de buée matinale, il ne pourra travailler à son tableau qu'un temps limité le matin. Il devra l'abandonner, lorsque le soleil sera monté sur l'horizon et que la buée se sera dissipée et, pour l'achever, il faudra qu'il le reprenne, lorsque l'effet éphémère recherché se présentera de nouveau. Une scène naturelle n'a donc pas pour lui d'aspect persistant, un paysage n'existe pas avec un coloris permanent. Une scène naturelle change d'aspect, en même temps que varient les saisons, les jours, les heures, les circonstances de température ou de lumière. Dans ces conditions, Monet est réellement parvenu à rendre saisissables, sur la toile, ces aspects fugitifs, qui avaient échappé aux anciens paysagistes travaillant dans l'atelier. Il a serré de si près les effets variés et les changements qui se produisent en plein air, qu'il est comme parvenu à communiquer les sensations qui en dérivent. On peut dire que ses effets de soleil réchauffent et que ses effets de neige donnent le frisson.

Il est donc arrivé à dégager, des scènes vues, des nuances de toute sorte, de véritables impressions. Aussi est-ce tout naturellement, qu'un jour il a désigné une de ses toiles, donnant l'image du soleil, dans un brouillard, sur la mer, *Impression, soleil levant*. Et c'est tout aussi naturellement, qu'à la vue de cette toile, le mot Impression, étendu et transformé, a été trouvé juste pour désigner son art. Ce sont donc les particularités de son œuvre, qui ont fait naître les noms d'Impressionniste et d'impressionnisme. Il est le véritable initiateur de l'impressionnisme. En lui et avec lui l'impressionnisme a trouvé sa formule la plus complète. Monet s'est avancé sans dévier, dans la voie où il s'était d'abord engagé. Il a peint en tous lieux, en plein air, mettant un coloris de plus en plus clair et une lumière de plus en plus vive sur ses toiles.

Il délaissa Paris de bonne heure, pour habiter Argenteuil. Il y demeura plusieurs années, y peignant la Seine et ses bords et aussi les fleurs et les bosquets de son jardin. Chassé d'Argenteuil par l'occupation allemande, lors du siège de Paris, il cherche refuge en Hollande. Il y peint des vues sur les canaux. A ce moment il avait connu les estampes d'Hiroshigué, pour lesquelles il a toujours professé de l'admiration. Sous l'influence de leur coloris vibrant, il avait encore éclairci sa palette. On peut observer, dans certains de ses tableaux, surtout parmi ceux qu'il a produits en Hollande, l'emploi des tons vifs, juxtaposés dans toute leur franchise, comme marque des pratiques japonaises. Plus tard, après ce premier séjour en Hollande, il y retournera pour peindre les tulipes en fleurs de Harlem. Il psse de Hollande en Angleterre, au commencement de 1871. Il exécute des vues à Londres, dans les parcs et sur la Tamise. Revenu en France, après la Commune, et réinstallé dans sa maison d'Argenteuil, il recommence à peindre les bords de la Seine. Il peint aussi à Paris en 1877 et 1878, les bosquets du parc Monceau et la gare Saint-Lazare, avec ses locomotives et leurs panaches de vapeur.

Il avait passé sa jeunesse au Havre, il s'était d'abord mis à peindre sur les côtes voisines et il devait y revenir fréquemment. Les vues du Havre, de Sainte-Adresse, de Honfleur, des falaises normandes ont donc été produites à de nombreuses reprises. En 1864, 1866, 1867 il travaille au Havre et dans les environs. Il y retrouve Boudin et fait aussi société avec Courbet, qui peignait à Trouville des marines et ce qu'il appelait des « paysages de mer ». Puis il revient sur les mêmes lieux en 1873, 1874, 1882. En 1885 il est à Étretat. Aux falaises prises avec leurs échancrures et leurs escarpements, il a ajouté la mer, sous ses aspects les plus divers. Il a véritablement été le peintre de l'eau. Il a fait entrer dans ses tableaux l'eau de la Manche et de la Méditerranée, de la Seine et de la Tamise, des canaux de Hollande et des bassins de son jardin.

Il ne devait jamais cesser d'habiter aux bords de la Seine,

de manière à être toujours près de l'eau. Il quitte Argenteuil, en 1878, pour descendre plus bas, à Vétheuil. Il y peint les vues des environs de la Seine, comme il l'avait fait à Argenteuil. Il y peint aussi, dans l'hiver particulièrement rigoureux de 1879-1880, les glaces, qui recouvrent le fleuve, et quelques-unes de ses toiles les plus saisissantes sont consacrées à la débâcle, qu'amène le dégel.

En 1884, l'hiver, il va une première fois passer plusieurs mois sur la Méditerranée, à Bordighera. Par un effort soutenu, alors qu'il n'avait encore connu que l'atmosphère nébuleuse de la région de Paris et de la Manche, il rend excellemment le ciel transparent, la mer bleue et les terres colorées du Midi.

En 1886 il est à Belle-Ile. Il y exécute une de ses suites de tableaux les plus puissantes, consacrée aux rochers noirs et aux grandes falaises, battues à pic par la houle de l'océan.

En 1886 il quitte Vétheuil, pour descendre encore plus bas dans la vallée de la Seine. Il s'installe d'une manière définitive à Giverny, près de Vernon, dans une maison qu'il ne quittera plus. Il est là sur les bords de l'Epte, dont les prairies, couvertes de peupliers, se confondent avec celles de la Seine. Il peindra les sites que lui offriront les alentours de Giverny, comme il avait précédemment peints ceux que lui avaient présenté Argenteuil et Vétheuil.

Il retourne sur les bords de la Méditerranée dans l'hiver de 1888. Il s'établit cette fois à Antibes. Grâce à l'expérience acquise à Bordighera, il peint des paysages transparents et inondés de lumière.

En 1889, il va peindre à Vervit, dans la Creuse. En 1895 il fait un voyage en Norvège, à la fin de l'hiver, alors que la terre était encore couverte de neige. Il en rapporte des tableaux exécutés dans les environs de Christiania.

Monet, continuant à développer son originalité, va faire entrer son art dans une phase nouvelle. Pendant longtemps il avait, comme les paysagistes ses devanciers, varié dans chaque tableau le sujet. Chacune de ses toiles avait été le portrait particulier d'un site spécial. Mais par degrés, puisqu'il peignait chaque fois, devant la nature des impressions diverses, des aspects fugitifs, il en était venu à reprendre plusieurs fois le même motif, sans changer de place et en exécutant cependant chaque fois un tableau différent. Le fond de la scène vue, les contours du paysage représenté n'étaient plus qu'une sorte d'ossature, pour supporter les impressions et aspects variés, temps gris ou soleil ardent, effets du matin, de midi, du soir, qui devenaient en eux-mêmes comme le motif véritable du tableau. Il va maintenant étendre et généraliser la pratique de peindre plusieurs fois le même sujet, en en variant seulement les aspects passagers. Il trouvera là le terme logique de ses procédés d'Impressionniste. Il portera son art à son plein épanouissement, en reproduisant les motifs choisis, par *séries* de dix, douze ou quinze toiles.

Monet a commencé à peindre ses séries en 1890-1891, avec les *Meules*. Il s'est placé devant des meules en plein champ et il les a peintes un grand nombre de fois, sans modifier les lignes de fond du sujet et en obtenant cependant chaque fois un tableau différent. En effet, il appliquait sur chaque tableau une des variétés de coloris, une des modifications d'aspect, que font naître les changements de l'atmosphère et les différences de saisons ou d'heures. Les meules ne sont plus ainsi par elles-mêmes un motif ayant toute sa valeur, elles ne le deviennent, que lorsqu'elles ont été revêtues d'un des aspects passagers, que les changements extérieurs, qu'elles subissent, leur font prendre. La *série* a reçu le nom général de *Meules*, mais si on avait voulu particulariser chaque tabl au, à l'aide d'un nom significatif, on eût dû dire : Meules le matin, Meules le soir, Meules par temps gris, Meules en plein soleil, Meules sous la neige, etc., etc.

La façade de la cathédrale de Rouen avec ses tours a fourni à Monet sa seconde série. Installé à une fenêtre d'une maison devant la cathédrale, il est resté longtemps à la peindre. Comme les meules, elle lui a offert un thème, qui lui a permis de reproduire les aspects multiples que peut prendre un même motif, vu dans des conditions différentes. Elle lui est apparue enveloppée de reflets, allant des gris assoupis au soleil ardent, qu'il a su rendre dans toute leur variété. Pour peindre dans ces conditions, Monet doit travailler simultanément à plusieurs toiles, passer de l'une à l'autre, les quitter et les reprendre, selon que les effets particuliers à saisir s'évanouissent ou réapparaissent, avec les variations de l'atmosphère.

La première réflexion, qui vint à l'esprit en présence d'une série complète *Les Meules* ou *La Cathédrale*, fut que Monet avait comme simplifié sa besogne, en répétant ainsi le même sujet et qu'il devait arriver, après les deux ou trois premiers essais, à peindre en supprimant les difficultés. On a donc cru qu'en exécutant ses *séries*, il avait voulu faciliter sa tâche, obtenir le plus de tableaux possible avec le moins d'efforts. Or c'est le contraire qui est vrai. Depuis qu'il a peint par *séries*, il a en réalité moins produit de toiles qu'auparavant. Il s'est trouvé que rendre des scènes difféentes, une fois pour toutes, était chose plus facile que d'exécuter des répétitions nombreuses de la même scène, présentant des formes diverses. Saisir au passage, pour les préciser sur la toile, les variations d'aspect qu'une scène peut prendre, constitue une opération d'une grande délicatesse, demandant une vision exceptionnelle et des qualités spéciales. Il faut pour peindre ainsi se livrer à de véritables abstractions. Il faut parvenir à dégager du fond immuable, le motif fugitif et le faire d'une façon subite, car les effets différents à saisir peuvent, dans leur apparition éphémère, enjamber les uns sur les autres et, si l'œil ne les arrête au passage, en venir à se confondre. J'ai entendu dire à Monet que le travail auquel il s'était livré devant la cathédrale de Rouen, pour la peindre sous ses effets de lumière variés, lui avait demandé une telle contention d'esprit, qu'il en avait ressenti une terrible fatigue. Il avait fini par perdre la vue nette des choses. Il avait dû s'arrêter et rester longtemps sans regarder ses toiles, ne pouvant plus se rendre compte de leur valeur.

Monet a peint par *séries* des motifs très variés, après *Les Meules* et *La Cathédrale*, *Les Peupliers !* Il vit, en se promenant dans les prairies de Giverny, une ligne de peupliers longue et sinueuse où, dans certaines positions, les arbres se profilaient les uns sur les autres. Il se mit à la peindre. Mais il se trouve que l'arrangement que les peupliers de Giverny lui ont permis de réaliser, est analogue à un autre qu'Hiroshigué avait précédemment rencontré au Japon, dans une ligne de cèdres et qu'il a rendu, dans une de ses *Cinquante-quatre vues du Tokaïdo*. Monet avait dû être frappé de l'analogie que les peupliers de Giverny présentaient avec les cèdres d'Hiroshigué. On est là en présence d'un cas curieux de suggestion devant la nature, exercé par un grand artiste sur un autre.

Il a encore peint en série *Une matinée sur la Seine* ; un bras du fleuve par temps calme, enveloppé de buée et bordé de grands arbres touffus, se reflétant dans l'eau. La *série* des *Nymphéas* a suivi. Monet a fait creuser une pièce d'eau au bout de son jardin à Giverny, sur la limite de la prairie. Il l'a semée de Nymphéas. Leurs feuilles et leurs fleurs, étalées sur l'eau, lui ont fourni un motif original, complété par les arbres qui entourent la pièce d'eau et par un petit pont, qui la traverse. Monet est ensuite retourné momentanément à Vétheuil, où il avait résidé et peint si longtemps, pour y exécuter une autre de ses *séries*. Il s'est placé en face du village, sur la rive opposée de la Seine. L'eau du fleuve occupe le premier plan des tableaux, ensuite le village avec son église s'élève sur la côte qui, en haut, ferme l'horizon.

Deux autres séries ont suivi. *Les vues de la Tamise* et les *Effets d'eau* de l'étang de son jardin, à Giverny. Elles offrent les traits de sa personnalité portés à tout leur développement. Jusqu'alors l'impression, l'effet fugitif, l'aspect éphémère formaient surtout, dans ses tableaux, l'enveloppe, le revêtement d'une scène existant toujours, par dessous, comme assise importante. Mais dans ces deux particulières *séries* les apparitions éphémères ont reçu une existence décisive, par rapport au motif permanent et à la scène réelle, qui n'ont plus qu'une forme sacrifiée et comme accessoire. Ce qui l'a surtout intéressé sur la Tamise ce sont les reflets imprévus, les colorations soudaines des eaux et de l'atmosphère. Les apparences lumineuses que prennent les nuages, le brouillard mêlé de fumée, les buées matinales ou crépusculaires, sont devenus la raison d'être des tableaux et y jouent le grand rôle.

Les vues qu'on pourrait appeler atmosphériques de la Tamise, ont été exécutées au cours de différents séjours à Londres de 1901 à 1904. Et comme malgré tout il lui faut des motifs pour porter la couleur, il en a pris deux du Savoy hôtel, qui, de la hauteur du Strand, domine la Tamise : l'un donne en aval le pont de Waterloo, l'autre en amont celui de Charing-Cross. Un troisième motif, formé par le palais du Parlement avec ses tours, a été obtenu d'un des pavillons de l'hôpital Saint-Thomas, sur la rive droite du fleuve. Dans cette *série*, où l'étang de son jardin offre le motif, l'eau en elle-même ne se trouve plus sur la toile à l'état dominant, l'importance est prise par les miroitements, dont les accidents de la lumière la revêtent. L'effet principal est produit par les objets réflétés qui, sans contours arrêtés, forment des apparitions de mouvement et d'agitation.

Monet, avec son habitude de travailler en plein air, se trouvait à soixante-huit ans aussi alerte que jamais. Une fois de plus, cherchant de nouveaux sites, il quittait sa résidence de Normandie pour le Midi. Cette fois il allait à Venise. Il y arrivait à la fin de l'été de 1908 et y séjournait tout l'automne. Il y a peint trois *séries*. La première a pour motif le grand Canal et l'église de la Salute. La seconde, prise de l'église Saint-Georges et de la douane, en face de la ville, donne le Palais ducal. La troisième exécutée d'une gondole, sur le grand Canal, reproduit certains des palais qui le bordent.

* *
*

Quand on a exposé l'évolution de Monet comme peintre et fait connaître l'ordre de son œuvre, on a retracé les traits décisifs de sa biographie. Sa vie s'est en effet concentrée dans son art. En dehors de ses changements de résidence et de ses voyages, pour renouveler les sites où il put peindre, les événements intéressants qui le concernent ont été les expositions où il s'est produit et où il a poursuivi son combat. Il envoya pour la première fois au Salon, en 1865, deux marines reçues. En 1866, il avait au Salon *Camille* et une vue prise dans la forêt de Fontainebleau. Puis il avait été refusé au Salon de 1867, admis à celui de 1868, refusé de nouveau en 1869 et 1870. C'est l'incertitude d'être reçu au Salon, devenant de plus en plus grande, à mesure qu'il développait son originalité, et se transformant à la fin en la certitude d'être refusé, qui le portait à se faire l'initiateur d'expositions particulières. Là, il se produirait librement avec ses amis, et tous ensemble, à l'état de groupe, ils pourraient attirer l'attention publique. Il avait donc envoyé aux quatre premières expositions des Impressionnistes de 1874, 1876, 1877 et 1879 de nombreuses œuvres, qui l'avaient mis très en vue, mais il était en même temps tombé dans un abîme de mépris et de réprobation.

Les Impressionnistes en se faisant connaître, avaient soulevé tout le monde contre eux. Après cela, les quelques partisans qu'ils avaient recruté, qui cherchaient à les défendre, les trois ou quatre marchands, qui avaient eu le courage d'acheter et d'offrir de leurs œuvres, se trouvèrent comme des gens prêchant dans le désert. Ils ne purent se faire écouter. Les tableaux impressionnistes devinrent invendables. Ce furent alors des années de détresse et de misère. Monet partagea le sort commun. Il connut les pires embarras d'argent. Il dut abaisser le prix moyen de ses toiles à cent francs, et ce ne fut qu'à grand'peine qu'il parvint à en vendre suffisamment pour ne pas sombrer.

Il faut citer les hommes, qui en ces temps héroïques de l'impressionnisme, restèrent fidèles aux peintres et les soutinrent le mieux qu'ils purent, alors que par cette conduite on passait pour des sortes de fous ou de maniaques. Le plus courageux fut certes M. Durand-Ruel qui, comme marchand, continua aussi longtemps qu'il put à leur faire des achats. Il ne s'arrêta que lorsqu'il eut absolument épuisé sa caisse, pour reprendre, aussitôt qu'un changement d'opinion favorable survenant, il put recommencer à vendre de leurs œuvres et à en tirer quelque argent. Parmi les rares amateurs de ce temps, qui ne cessèrent de leur faire des achats se trouvèrent : M. Faure de l'Opéra, le peintre Caillebotte et M. de Bellio. Ce dernier était un riche gentilhomme roumain. Après avoir fait ses études à Paris, il s'y était fixé, devenu le plus Parisien des Parisiens. Il déjeunait tous les matins au café Riche, sur le boulevard des Italiens. Il s'était fait le champion des Impressionnistes, auprès de ses amis et connaissances du lieu, parmi lesquels se trouvaient des critiques et des hommes de lettres. Il vantait surtout Claude Monet. Il boitait d'une jambe et, montant difficilement les escaliers, habitait un entresol, rue Alfred Stevens. Il ne pouvait naturellement y faire tenir les objets d'art qu'il avait réunis. Il parlait sans cesse de se construire quelque part une galerie. En attendant la réalisation de ce projet, qui ne devait jamais venir, il avait loué, en face de chez lui, une boutique inoccupée, où il tenait ses tableaux et particulièrement ses nombreux Claude Monet. Il emmenait là, pour chercher à les convaincre, par la vue des œuvres, les connaissances qui voulaient bien l'y suivre. Sa propagande resta longtemps sans succès apparent. Il finit cependant par faire des prosélytes et il a été un de ceux qui ont aidé au changement favorable, qui devait se produire en faveur des Impressionnistes.

La vente après décès de Daubigny venait montrer en quel mépris étaient alors tombées les œuvres de Monet. Daubigny avait su reconnaître le mérite de Monet. Il avait dû remarquer ses œuvres dès leur apparition, à un premier Salon, en 1865. Toujours est-il que réfugié à Londres, pendant la guerre, en même temps que M. Durand-Ruel, il lui avait recommandé Monet, qui arrivait à Londres, au commencement de 1871, venant de Hollande. M. Durand-Ruel avait aussitôt acheté de ses tableaux. En 1873 Daubigny achetait lui-même à M. Durand-Ruel, pour la somme de quatre à cinq cents francs, une des vues de Hollande de Monet, *Canal à Saardam*. C'était avant les fameuses expositions de 1874, 1876 et 1877, qui devaient soulever l'opinion contre les Impressionnistes, et alors que M. Durand-Ruel réussissait, jusqu'à un certain point, à faire prendre de leurs œuvres.

Daubigny mort, on annonce sa vente, en mai 1878. Je connaissais le *Canal à Saardam*, qui me paraissait une des belles choses que Monet eût peintes ; je me promis donc de pousser aux enchères et d'essayer de l'acquérir. La vente a lieu, aucune trace du tableau. Je supposai que les héritiers avaient voulu le garder, comme une œuvre qu'ils avaient su apprécier. Quinze jours après, un dimanche, visitant l'Hôtel Drouot, j'entre dans une salle où se trouvaient des ébauches informes, de vieilles toiles salies, avec, par terre, un amas de chevalets, palettes, pinceaux, en un mot tout l'attirail d'un atelier et là, seul et isolé, le *Canal à Saardam* de Claude Monet. J'en pensai tomber à la renverse. L'affiche ne portait aucun nom. J'allai aux renseignements et j'appris que j'avais devant moi le débarras de l'atelier de Daubigny, présenté anonymement, comme une chose à dissimuler. C'était là que les héritiers avaient mis le tableau de Monet, exclu de la vente régulière, qu'à leurs yeux il eût, sans doute, déshonoré. Il me fut adjugé aux enchères pour *quatre-vingts francs*. Lorsque les circonstances m'amenèrent, en 1894, à faire la vente de ma collection, le *Canal à Saardam* [1] fut acquis par M. Durand-Ruel pour la somme de cinq mille francs. Il le revendit à M. Decap, qui ayant fait lui même une vente d'une partie de sa collection, en avril 1904, où il l'avait mis, [2] le retira, au prix de trente mille francs.

Monet ne prenait point part, en 1880, à l'exposition des Impressionnistes, parce qu'il devait avoir lui seul, en juin, une exposition de ses œuvres sur le boulevard des Italiens, au journal *La Vie moderne*. Cette même année, il présentait au Salon un important tableau, *Les glaçons*, peint à Vétheuil pendant l'hiver : le jury le refusait. En 1880 Monet demeurait toujours méconnu. Son exposition à *La Vie moderne* avait lieu dans une salle au rez-de-chaussée, en réalité une boutique tenue ouverte gratuitement, aussi les passants entraient-ils en grand nombre,

---

(1) Vente Théodore Duret, 19 mars 1894, n° 27.
(2) Vente Decap. Collection de M. X..., 13 avril 1911, n° 17.

mais seulement pour rire et se moquer. Les œuvres montrées ne leur paraissaient dignes d'aucune sorte d'examen. Monet prenait part à l'exposition de 1882 du groupe impressionniste et en mars 1883 il exposait 56 de ses toiles, au premier étage d'une maison en réparation, boulevard de la Madeleine, que M. Durand-Ruel avait loué temporairement. On put constater à cette occasion que l'époque de complète défaveur était passée. On voyait de nombreux visiteurs, qui ne riaient plus, qui reconnaissaient des qualités aux œuvres, de nouveaux partisans se déclaraient, surtout parmi les jeunes gens.

Le revirement en faveur de Monet s'accentue à partir de ce jour. Le temps travaillait pour lui. Les années en s'écoulant amenaient à la vie les hommes d'une nouvelle génération, que le contact prolongé avait familiarisé avec ses œuvres. Ceux-ci ne pouvaient donc plus éprouver, en face d'elles, ces sentiments d'étonnement et d'horreur, ressentis par les devanciers, qui les avaient vu apparaître à l'improviste. Monet s'était produit pour la première fois au Salon, en 1865, pour la première fois, avec les autres Impressionnistes, à l'exposition de 1874 et, en 1889, vingt-quatre ans s'étaient écoulés depuis son premier Salon et quinze ans, depuis sa première exposition. On allait reconnaître le changement qui en résultait à son avantage.

En cette année 1889, il faisait dans la salle Petit, rue de Sèze, de compagnie avec Rodin, une exposition, où tous les deux mettaient un choix important de leurs œuvres. Monet avait là 145 toiles, prises à toute sa production. C'était donc un ensemble caractéristique qu'il montrait, et non plus dans des locaux mal agencés et occupés par aventure, mais dans une salle appropriée, où le Tout-Paris artistique avait l'habitude de se rencontrer. L'épreuve était décisive. On pouvait constater, à la vue du catalogue, où étaient inscrits les noms des personnes ayant prêté des tableaux, combien nombreux étaient devenus les collectionneurs qui en possédaient. On pouvait reconnaître aussi, par les critiques de la presse, que les jeunes écrivains savaient maintenant apprécier l'art nouveau. Beaucoup de visiteurs étaient conquis, ceux qui demeuraient rebelles étaient cependant plus ou moins entamés et devaient convenir que l'œuvre, sous leurs yeux, révélait de la puissance. Cette exposition, en quelque sorte solennelle, permettait de constater le travail favorable accompli par le temps en faveur de Monet. Elle marquait la sortie de l'époque difficile et l'entrée dans le succès.

Monet quoiqu'enfant de Paris l'a délaissé complètement. Il est toujours resté indifférent aux succès mondains, au besoin de bruit et de réclame, qui forme un des traits de la vie parisienne. Travaillant en plein air, poursuivant son œuvre dans la solitude des champs, des falaises et des eaux, il a pris en aversion ces soins variés auxquels les citadins sont astreints. Ses visites à Paris sont devenues rares. Établi depuis 1866 successivement à Argenteuil, Vétheuil et Giverny, par conséquent de plus en plus loin de Paris, il s'est habitué à vivre en face de la nature, les yeux sur le grand ciel et la lumière.

Il s'est donné comme luxe, à Giverny, un jardin tout entier semé de fleurs, qui se diapre, selon les saisons, de couleurs variées et éclatantes. Ses yeux de peintre trouvent là leur satisfaction. Il s'est rencontré sur ce point avec Whistler qui, dans les maisons où il habitait revêtait les lambris et les murs de couleurs harmonieuses, pour reposer sa vue. Ce que Whistler, homme des villes, faisait dans son intérieur, Monet, homme du plein air, l'a fait au dehors, en colorant son jardin par les fleurs.

Il a supporté les temps d'épreuve et de misère avec une grande force de caractère. Puis, lorsque le succès vint, il n'en fut nullement troublé. Il ne chercha à en retirer aucun de ces avantages honorifiques, que tant d'artistes se plaisent à rechercher et refusa, en particulier, de se laisser décorer de la Légion d'honneur. Il s'est toujours conduit en très brave homme avec ses camarades de l'impressionnisme. Degas, Pissarro, Cézanne, Renoir, Sisley n'ont été vantés par personne mieux que par lui. Il n'a non plus cessé d'exprimer sa grande admiration pour Manet et de faire connaître tout ce qu'il lui avait dû au départ. Il prit en 1890 l'initiative de la souscription, qui devait amener l'entrée de l'*Olympia* de Manet au Luxembourg. Pendant plus d'un an, jusqu'à la réussite, il consacra son temps et ses efforts aux démarches nécessaires, d'abord pour réunir la somme de vingt mille francs à donner à Mme Manet, puis pour faire accepter le tableau par le Musée. Lorsque Zola, dans l'affaire Dreyfus, se fut jeté en avant en faveur du condamné, Monet, dès la première heure, alors qu'on soulevait contre soi le peuple entier déchaîné, fut un de ceux qui lui donnèrent publiquement leur appui. Il n'était intervenu jusqu'alors dans aucune action publique et ne devait plus jamais le faire, mais en cette circonstance où il croyait qu'il était du devoir de tous de prendre parti, il venait se ranger sans hésiter du côté où il voyait la vérité et la justice.

***

Monet arrivé à la vieillesse s'est tenu au genre de vie et au genre de travail, qu'il avait de tout temps préférés. Homme du plein air, fixé à la campagne, il s'est cantonné plus que jamais dans son jardin et ses prairies de Giverny, espaçant de plus en plus ses visites à Paris, devenues tout à fait rares et passagères.

Il avait été constamment attiré par le spectacle de l'eau. Il avait, dans les lieux les plus divers, où il était allé travailler, introduit l'eau comme partie intégrante de ses tableaux. Il avait peint, de manières variées, à Giverny, celle qu'il y trouvait. Les nymphéas et les reflets de l'étang de son jardin lui avaient fourni deux de ses dernières séries. Il va, en fin de carrière, reprendre ces motifs, sous une forme particulière. Il en fera un thème décoratif.

Sur de nombreuses toiles de grandes dimensions, conçues et exécutées de façon à ce qu'elles puissent être disposées pour former des ensembles, il peint l'eau agrémentée de nymphéas et donnant les reflets et les jeux de coloris, que les changements de la lumière et de l'atmosphère lui font prendre. C'est d'une œuvre décorative qu'il s'agit. En effet c'est bien une décoration qu'il exécute, mais une décoration qui repose sur une réalité et s'appuie sur une longue observation de la nature.

Ce grand travail, qui l'absorbe depuis des années et auquel il s'est particulièrement consacré dans les années 1916 et 1917, aura été comme le couronnement de toute son œuvre.

SISLEY

Alfred Sisley naquit à Paris, le 30 octobre 1839, de père et de mère anglais. Son père établi à Paris, négociant-commissionnaire, avait sa clientèle dans l'Amérique du Sud. Il était riche et ses enfants, deux fils et une fille, reçurent une bonne éducation. Lorsque son fils Alfred eut atteint l'âge de dix-huit ans, il l'envoya en Angleterre, se perfectionner dans la connaissance de l'anglais et s'initier au commerce. Mais le jeune homme ne montra aucune disposition pour les affaires: De retour à Paris, attiré irrésistiblement par la peinture, il obtint d'entrer dans l'atelier de Gleyre. Ce fut là, en 1862, qu'il rencontra Claude Monet, Bazille, Renoir et se lia d'amitié avec eux.

Il ne se proposait point tout d'abord de faire de l'exercice de l'art une profession. Il ne s'y adonne au début que comme un homme qui, ayant ailleurs des sources de fortune, y voit surtout un embellissement de la vie. Par rapport à ses camarades Claude Monet et Renoir, qui se sont tout de suite mis à travailler, pour obtenir de leur pinceau leurs moyens d'existence, il reste en retard comme producteur. Il expose une première fois au Salon en 1866, puis en 1868, des paysages, exécutés dans une tonalité voisine de celle de Courbet et de Corot. Les œuvres qu'on lui doit, dans ces années de début, sont peu nombreuses.

En 1870, pendant la guerre, son père tombé malade et incapable de surmonter la crise survenue dans ses affaires, subit des pertes, qui amenèrent sa ruine et peu de temps après sa mort. Alfred Sisley, qui jusque-là avait vécu comme le fils d'une famille riche, se trouva tout à coup sans autres ressources que celles qu'il pourra tirer de son talent de peintre. Après 1870. il se donne donc tout entier à la peinture, à laquelle il lui faut désormais demander ses moyens d'existence pour lui et sa famille, car il est marié et a des enfants. A ce moment son ami Claude Monet avait, sous l'influence de Manet, adopté et développé le système des tons clairs et l'appliquait à la peinture du paysage, directement devant la nature. Sisley s'approprie lui-même cette technique ; il peint en plein air, dans la gamme claire, On voit ainsi l'influence qu'exercent les uns sur les autres, au point de départ, des artistes en éveil, Manet sur Monet et Monet sur Sisley. D'ailleurs il faut répéter qu'il ne s'agit point ici de pastiche et d'imitation servile, mais d'une formule initiale que se communiquent, à la recherche de leur voie, des hommes foncièrement originaux, qui ne perdent jamais leur caractère propre. En effet, si dans le groupe impressionniste. Claude Monet et Sisley ne peuvent être, en quelque sorte, séparés, s'ils forment un couple, où les deux se ressemblent plus entre eux qu'à aucun des autres, ils conservent cependant, vis-à-vis l'un de l'autre, leur personnalité et ont chacun leur manière de voir et de sentir.

On peut dire de Sisley, comme trait caractéristique, qu'il a su rendre la nature d'une manière riante. Son œuvre est séduisante. Elle se rapproche, par le sentiment, de celle de Corot. Sisley est un délicat que la nature enchante. Il a recherché de préférence dans le paysage les motifs aimables et intimes. Aussi est-il le paysagiste impressionniste, préféré par les hommes tendres, qui demandent aux œuvres d'art l'émotion répondant à leur manière d'être. Il a particulièrement peint les rivières, avec leurs eaux transparentes et leurs bords au feuillage coloré, la campagne en fleurs au printemps ou ensoleillée l'été. Son œuvre est d'ailleurs très variée, on y voit aussi des vues de villes et de villages, et encore des effets de neige, où il a excellé.

Il exposa pour la dernière fois au Salon, en 1870, puis avec les Impressionnistes en 1874, 1876 et 1877. Son originalité se manifestait par un coloris neuf et imprévu, qui soulevait la réprobation. On l'accusait de peindre dans une gamme artificielle lilas. Aujourd'hui on est habitué à voir les paysagistes, employer les tons les plus tranchés, pour rendre les effets de lumière, aussi la palette de Sisley semble-t-elle absolument calme et d'une grande justesse. Mais alors qu'elle apparaissait, on la jugeait fausse. C'est qu'à cette époque on n'était même pas encore accoutumé à la tonalité, cependant plus grise, de Courbet et de Corot. Sisley venant montrer, avec ses amis les Impressionnistes, les variations de coloris, que les jeux de la lumière et la diversité d'heures, de jours, de saisons donnent aux scènes naturelles, déconcertait les spectateurs. Il rendait en particulier les effets de plein soleil à l'aide d'un ton rose lilas, qui aujourd'hui nous paraît des plus heureux et qui communique bien la sensation tendre et gaie voulue, mais qui, à son apparition, semblait monstrueuse. Aussi le pauvre

Sisley allait-il subir toutes sortes de déboires et d'avanies, avant de voir son art si délicat, compris et accepté.

Il lui fallait vivre de sa peinture, maintenant que les ressources obtenues d'ailleurs lui manquaient et la chose devenait presque impossible. Il avait pensé, avec quelques-uns de ses camarades, à faire des ventes publiques pour se trouver des acheteurs. Deux ventes aux enchères, à l'Hôtel Drouot, avaient ainsi été organisées. La première, le 24 mars 1875, la seconde, le 28 mai 1877. A la première, Sisley avait mis 21 toiles, qui n'avaient réalisé ensemble que 2.455 francs, une moyenne d'un peu plus de 100 francs. Deux d'entre elles, il est vrai, de grandes dimensions, atteignaient le prix de 200 francs, et un *Barrage de la Tamise à Hampton Court* montait, par extraordinaire, à 300 francs. A la même vente, Claude Monet avait eu 20 tableaux, qui arrivaient à une moyenne de 200 à 300 francs. A la vente de 1877, les 11 toiles mises par Sisley ne produisaient que le maigre total de 1.387 francs.

Ces ventes avaient été en réalité désastreuses. Sisley, qui se défaisait de ses meilleures toiles et n'en obtenait guère que 100 francs, avec les frais à défalquer, restait en détresse. En outre le public venu à la vente de 1877, alors que l'exposition des Impressionnistes de cette année avait causé une horreur générale, s'était fait de telles gorges chaudes des œuvres, il les avait accueillies avec de telles huées, que les artistes jugèrent inutile de recourir de nouveau aux enchères, ne devant leur attirer qu'un profit dérisoire et des humiliations publiques, par-dessus le marché.

En ces années de méconnaissance absolue, où les Impressionnistes eurent à supporter en commun la misère,

Sisley fut le plus malheureux. C'est lui qui a le plus souffert. Cézanne vivait d'une pension de son père, Renoir peignait des portraits payés. Pissarro et Monet, qui s'étaient produits les premiers, avaient eu le temps de se faire une certaine clientèle et, quoiqu'elle fût très limitée, ils purent traverser les épreuves de cette époque, sans voir leurs œuvres descendre au-dessous du prix de 100 francs. Mais Sisley, venu le dernier, à un moment où l'on ne pouvait plus se faire de clients spéciaux, se trouva dans un tel abandon qu'il fut réduit à donner de ses toiles pour trente et vingt-cinq francs. C'étaient des prix inférieurs à ceux que Pissarro et Cézanne devaient jamais connaître, qui ne cessèrent, en aucun cas, d'obtenir pour leurs tableaux au moins quarante francs.

En son temps de pire misère, Sisley compta un pâtissier-restaurateur, Murer, parmi les quelques personnes qui le soutinrent. Murer s'était trouvé tout jeune sans appui et, pour vivre, était entré chez un pâtissier comme apprenti. Puis il s'était élevé au rang de patron. Il tenait une pâtisserie sur le boulevard Voltaire, à laquelle il avait joint un restaurant. Mais il n'exerçait sa profession que comme pis aller, en aspirant à la quitter. Il était pénétré de goûts artistiques et littéraires. En effet plus tard, parvenu à l'aisance et retiré, il devait peindre des tableaux et écrire des romans. Alors qu'il était toujours pâtissier-restaurateur, il avait fait la connaissance des Impressionnistes, par l'intermédiaire de Guillaumin, avec lequel il s'était lié tout jeune à Moulins, sa ville natale. Quand les années de détresse furent venues pour les Impressionnistes, que la question du vivre et du couvert se posa, à certains jours, pleine d'angoisse, il leur ouvrit son restaurant. Ils purent y manger. Sisley et Renoir profitèrent surtout de la facilité. Lorsque le nombre des déjeuners et des dîners atteignait une certaine limite, il recevait en paiement un tableau. Il en acheta, par surcroît, un certain nombre, aux prix d'alors, qui paraîtraient aujourd'hui bien bas, mais que personne à ce moment, sauf quelques amis, ne voulait payer. Il fut un des premiers qui reconnurent la valeur des Impressionnistes, pour se former une collection de leurs œuvres et il fut ainsi un de ceux qui, à l'époque de leur pire misère, les aidèrent à vivre, en attendant des temps meilleurs.

J'ai publié dans la *Revue Blanche* du 15 mars 1899, des lettres, qui font connaître l'état d'esprit où se trouvait Sisley, sous le coup de l'hostilité générale et de la misère prolongée. Toute son ambition n'allait qu'à trouver le moyen d'obtenir, pour ses tableaux, ce prix de cent francs, qu'il n'avait pu dépasser aux ventes publiques et qu'il ne pouvait même plus atteindre. Je donne ici une de ces lettres, qui apprendra quelle sorte de combinaison il imaginait, à la poursuite de ce résultat, en lui-même misérable, mais que les circonstances lui faisaient malgré tout entrevoir comme le salut :

« Mon cher Duret,

« Avant votre départ de Paris et à la suite de la vente « Hoschedé, vous avez pu constater, j'en suis sûr, le pas « que j'ai fait dans l'opinion. Je n'ai donc pas besoin de « vous faire l'article. Voilà l'été qui s'en va et je perds un « temps qui m'est plus que jamais précieux.

« Parmi vos amis de la Saintonge, ne pourriez-vous pas « trouver un homme intelligent, qui aurait assez de con-

« fiance dans vos connaissances artistiques, pour se laisser
« convaincre par vous, qu'il ne ferait pas une mauvaise
« affaire, en plaçant quelque argent, dans l'achat de
« tableaux d'un peintre sur le point d'arriver.

« Si vous le connaissez, voilà ce que vous pourriez lui
« proposer de ma part : 500 francs par mois, pendant six
« mois, pour trente toiles. A l'expiration des six mois,
« comme il peut n'être pas disposé à garder trente toiles
« d'un même peintre, il pourra en distraire une vingtaine,
« risquer une vente, rentrer ainsi dans ses débours et avoir
« dix toiles pour rien.

« Cette dernière combinaison m'a été suggérée par Tual,
« le commissaire-priseur successeur de Boussaton, que j'ai
« vu ces jours derniers et auquel j'ai vendu une toile. Il
« m'a engagé fortement à faire une vente l'hiver prochain,
« en m'assurant du succès. Vous voyez, mon cher Duret,
« que l'affaire que je vous propose est tout à fait pratique
« et a toutes les chances de réussir. Tâchez donc de me
« trouver ce commanditaire.

« Il s'agit pour moi de ne pas laisser passer l'été sans
« travailler sérieusement, sans préoccupations, pour pou-
« voir faire de bonnes choses, persuadé qu'à la rentrée on
« marchera. Petit ne sera pas éloigné, à ce moment, de
« me donner un coup d'épaule.

« Persuadé que vous ferez votre possible pour la réussite
« de ce que je vous propose et, en attendant votre réponse,
« je vous serre la main d'amitié.

« A. SISLEY ».

« 18 août 1878.

Quelques mois après, il pensait à revenir au Salon, et

il avait des doutes, d'ailleurs justifiés, sur la possibilité de s'y faire recevoir.

« Mon cher Duret,

« Je vous crois assez de mes amis pour, à un moment
« donné, faire un effort pour contribuer à me donner un
« coup d'épaule. Quelques-uns de mes amis, beaucoup par
« amitié et un peu intéressés à ce que j'arrive, me prêtent
« leur concours. Je compte sur le vôtre.

« Je suis fatigué de végéter, comme je le fais depuis si
« longtemps. Le moment est venu pour moi de prendre
« une décision. Nos expositions ont servi, il est vrai, à nous
« faire connaître et en cela elles nous ont été très utiles,
« mais il ne faut pas, je crois, s'isoler trop longtemps. Le
« moment est encore loin, où l'on pourra se passer du pres-
« tige, qui s'attache aux expositions officielles. Je suis donc
« résolu à envoyer au Salon. Si je suis reçu, il y a des
« chances cette année, je crois que je pourrai faire des
« affaires et c'est pour m'y préparer, que je fais appel à
« tous ceux de mes amis, qui me portent de l'intérêt. Il
« faut que je puisse travailler et surtout faire voir ce que
« je fais, dans des conditions convenables. Je quitte Sèvres,
« ces jours-ci, mais je ne m'éloignerai pas de Paris.

« Sèvres, le 14 mars 1879.

« A. SISLEY ».

Je ne connais rien de plus triste que ces lettres. Voici un homme plein de talent, qui, arrivé à trente-huit ans, en est réduit à rechercher, comme suprême espoir, le capitaliste qui, en lui donnant trois mille francs, le mettrait à même de vivre et de travailler pendant six mois. Et ce même homme, désireux de se produire aux Salons officiels, qu'un gouvernement paternel ouvre à des centaines de cuistres, est obligé de reconnaître que ce que les autres obtiennent de droit, lui sera peut-être refusé, comme à un indigne. Il faut dire, à la louange de Sisley que, dans sa détresse, il ne pensa jamais à dévier de la voie où il était entré, à faire la moindre concession au public, pour essayer de se le rendre favorable. L'exemple de tant d'autres, qui savent l'allécher en se pliant à ses demandes et en empruntant aux sources qui lui plaisent, fut absolument perdu pour lui. Il persista dans sa manière propre, qui le condamnait à la misère. Elle était la manifestation même de sa personnalité, elle correspondait à ce que son jugement lui faisait reconnaître comme juste et dès lors il s'y tenait coûte que coûte. Il a offert par là un bel exemple de probité et de vaillance artistiques.

Sisley a toujours habité dans les environs de Paris. Avant la guerre à Louveciennes et à Bougival; après, jusqu'en 1875, à Voisins et à Marly. De ces années sont les vues de la Seine, prises à Port-Marly et aux alentours et les paysages, que lui fournissent les coteaux de Louveciennes, couverts de vergers. De 1875 à 1879, il habite Sèvres. Il y prend des vues de la Seine et de ses bords, vers Meudon et Saint-Cloud. En 1879, il va s'établir près de Moret, puis à Moret même, où il résidera définitivement. Les bords du Loing et Moret lui ont fourni une très grande variété de motifs. Moret, son pont, son église, ses moulins, les maisons qui bordent la rivière sont entrés dans la mémoire de toutes les personnes familières avec l'œuvre de Sisley.

En 1874, M. Faure, le baryton de l'Opéra l'emmena en

Angleterre. Il en rapporta des vues de la Tamise, à Hampton Court. En 1894 il peint en Normandie, aux environs de Rouen. En 1897, de mai à octobre, il séjourne sur la côte du pays de Galles, près de Swansea, et de Cardiff à Longlang et à Pennart. Il y peint les falaises et la mer. Sisley, qui parlait couramment l'anglais, possédait des avantages pour aller travailler en Angleterre. Il n'en a profité qu'exceptionnellement. Il était tout ce qu'il y a de plus Français, par ses mœurs, ses idées, ses préférences, et il se sentait fort dépaysé en Angleterre. Il était malgré tout resté Anglais, de par sa naissance. En 1895, il voulut devenir Français, en obtenant la naturalisation. Il fit les démarches nécessaires, mais il ne sut produire certains papiers de famille exigés, de telle sorte que sa demande resta en suspens et qu'à sa mort, il demeurait de nationalité anglaise. Il mourut à Moret, le 29 janvier 1899, d'un cancer des fumeurs.

Sisley n'avait point vu, avant de mourir, un réel changement de fortune se produire en sa faveur. Il était jusqu'au dernier jour demeuré dans la gêne, quoique, à la fin, sa situation se fût améliorée et qu'il vendît ses œuvres plus facilement. Une satisfaction lui était venue par ailleurs. Le projet qu'il avait momentanément formé de se représenter au Salon, n'avait point eu de suites. Il ne devait jamais réapparaître à l'ancien Salon officiel. Mais en 1890, la *Société nationale des Beaux-Arts* se constitua, en dissidence avec la *Société des Artistes français*, continuant les anciens Salons, et inaugura au Champ-de-Mars une exposition propre, comme un second Salon, où il fut favorablement accueilli. Il exposa donc au Champ-de-Mars en 1894, 1895, 1896, 1898 des ensembles de sept et huit tableaux. Ce fut un réel avantage pour lui, de paraître ainsi à des expositions éclatantes, visitées par le grand public ; il en reçut une consécration relative.

Cependant, par un changement subit, tout ce qu'on avait refusé aux œuvres de Sisley, lui présent, on allait le leur donner, lui parti. On sait depuis longtemps que la mort d'un artiste est l'événement le plus favorable, qui puisse survenir, pour amener le succès de ses œuvres. Il y a l'histoire de Téniers qui, ne trouvant plus à se défaire des tableaux qu'il avait peints en trop grand nombre, fit accréditer le bruit de sa mort et vit tout de suite les acheteurs se les disputer. Ce que l'on dit être arrivé à la mort simulée de Téniers, s'est réellement produit à la mort de Sisley. Trois mois après, on vendait, au profit de ses enfants, à la salle Petit, rue de Sèze, 27 des toiles qu'il avait laissées. Les amateurs et les marchands se les disputèrent. Les prix étaient bien différents de ceux des anciennes ventes, en 1875 et 1877, où la moyenne de 100 francs n'avait guère pu être dépassée. Les 27 toiles vendues procuraient 112,320 francs.

Les œuvres de Sisley deviennent alors l'objet d'une faveur générale. On voyait surgir des marchands, de nouveaux partisans, en premier des jeunes gens, les frères Joseph et Gaston Bernheim qui se faisaient écouter, en les recommandant. Ils allaient chercher chez les possesseurs, qui autrefois les avaient acquis à bas prix, des tableaux, qui sortaient ainsi des lieux ignorés où ils avaient été tenus, pour prendre place dans les collections en vue. C'est en très grand nombre que les toiles de Sisley, dans l'année qui suivait sa mort, changeaient de mains à des prix de plus en plus élevés. Le véritable engouement qu'elles causaient trouvait sa pleine expression à la vente de la collection Tavernier, le 6 mars 1900, Il y en avait quatorze. La principale, *L'inondation*, admirée comme un chef-d'œuvre, était adjugée, pour le prix retentissant de 43.000 francs, au comte de Camondo et est maintenant entrée au Louvre avec sa collection.

Sisley de tous les Impressionnistes celui qui avait le plus souffert devait, par une sorte de réparation, être le le premier à recevoir un hommage public signalé. Les habitants de Moret lui ont élevé, par souscription, un monument, près du pont de leur ville. Ils ont su honorer la mémoire de l'artiste qui avait vécu au milieu d'eux.

RENOIR

Le propre des Impressionnistes, peignant directement devant la nature, a été de faire apparaître les objets sous les colorations fugitives et changeantes, dont les variations de la lumière et les effets de l'atmosphère pouvaient les revêtir. Les objets, reproduits par eux, ont pris une coloration plus vive et plus diaprée, que celle qu'ils avaient jusqu'alors reçue des peintres retenus dans l'atelier. Les champs, les bois, les rivières et la mer se sont nuancés, sous le pinceau de ces Impressionn'stes qui ont été surtout des paysagistes, Pissarro, Claude Monet, Sisley, Guillaumin, d'une variété de tons imprévue. Ce que les autres avaient fait pour le paysage, auquel ils s'étaient avant tout consacrés, Renoir l'a fait pour les êtres humains. Les personnages qu'il a peints apparaissent colorés, dans un ensemble clair, plein de combinaisons de tons, ils forment partie d'un tout lumineux. Mais il n'est point parvenu à sa manière personnelle, telle que nous la définissons, du premier coup, il ne l'a naturellement atteinte qu'en passant, comme les autres de l'impressionnisme, par certaines étapes.

Renoir (Pierre Auguste) est né à Limoges, le 25 février

1841. Il avait trois ou quatre ans lorsqu'il fut emmené à Paris par son père, petit tailleur, qui, pensant y faire fortune, venait y résider. Le tailleur ne trouva pas à Paris la fortune entrevue, il y vécut péniblement et, comme il était chargé de cinq enfants, chacun d'eux dut se mettre à travailler. Auguste adopta le métier de peintre sur porcelaine, à l'instigation de son père qui, à Limoges, l'avait vu pratiquer. De treize à dix-huit ans, il fut donc ouvrier peintre sur porcelaine. Toute son ambition se bornait alors à prétendre entrer à la manufacture de Sèvres, pour y exercer son métier de peintre sur porcelaine.

Il fut subitement détourné de cette perspective. La décoration de la porcelaine industrielle avait été demandée de tout temps au travail manuel d'ouvriers, lorsqu'une invention la fit exécuter par une machine. Du coup les ouvriers peintres sur porcelaine durent se chercher un autre métier. Renoir, après un certain temps de chômage, découvrit un nouveau filon à exploiter, celui de la peinture de stores. Il avait acquis à cette époque une grande dextérité de main et, avec ses facultés natives maintenant développées, il put s'appliquer avec une telle supériorité à son nouveau travail, qu'après trois ou quatre ans, il se trouva des économies suffisantes pour pouvoir l'abandonner et satisfaire les ambitions de l'artiste alors apparues, en entrant dans l'atelier d'un peintre en renom, de Gleyre. Ce fut là, en 1861-1862, qu'il rencontra d'abord Sisley et Bazille, puis Claude Monet et qu'il se lia d'amitié avec eux.

Il envoie, pour la première fois, au Salon de 1863, un tableau qui est refusé. Conçu dans la donnée romantique, il représentait une femme nue, couchée sur un lit et près d'elle un nain, pinçant de la guitare. Il répète en 1864 l'envoi au Salon d'un tableau romantique qui, cette fois, est reçu. On y voyait Esmeralda, l'héroïne de Victor Hugo, dansant la nuit sur la place de Grève, avec les tours de Notre-Dame dans le fond. Renoir détruisit ces deux premières œuvres, lorsqu'il se mit à peindre en se rapprochant de la nature. Cette heureuse transformation se produit dès 1865, où il envoie au Salon deux toiles reçues, peintes d'après nature : *Le portrait de M*^me *W.-S.* et une *Soirée d'été.*

Il n'apparaît pas aux Salons de 1866 et de 1867. Il y avait probablement envoyé des tableaux, qui auront été refusés. Il envoie au Salon de 1868, *Lise*, qui est reçue, une jeune fille en pied de grandeur naturelle, vêtue d'une robe blanche, une ombrelle à la main. Cette œuvre marquait un pas en avant, elle avait été peinte en plein air, dans la forêt de Fontainebleau. La jeune fille, le terrain autour d'elle, et un tronc d'arbre par derrière reçoivent les plaques de lumière et les reflets, que le soleil fait descendre à travers le feuillage. Les caractères de la peinture de plein air sont là maintenant bien établis, mais en même temps s'y révèlent encore des traits dus à Courbet, au maître qui influençait alors les jeunes artistes portés vers l'observation directe de la nature. Renoir faisait recevoir, au Salon de 1869, *En été*, où la même *Lise* de l'année précédente, lui avait servi de modèle[1]. Elle était montrée à mi-corps, les bras nus, les mains croisées sur les genoux, sa chevelure dénouée sur les épaules. Le tableau avait encore été peint en plein air et, derrière la jeune fille, le

---

(1) Ce tableau se trouve maintenant à la National Galerie, à Berlin.

feuillage d'un vert très vif était pénétré par les rayons du soleil. C'était un nouveau pas fait dans la voie de la peinture colorée et lumineuse, en plein air. En 1870, Renoir met au Salon deux tableaux, *Baigneuse* et une *Femme d'Alger*. La baigneuse était un morceau très ferme, une femme nue, de grandeur naturelle, en pied, vue de face. La *Femme d'Alger* aussi de grandeur naturelle, étendue sur un canapé, n'offrait d'algérien que le nom. Un modèle parisien, vêtu d'un costume oriental de fantaisie, l'avait donnée.

L'année 1871 ne voit pas de Salon, par suite de la guerre étrangère et de la guerre civile, qui sont venues interrompre la vie normale. Les Salons reprennent en 1872. Renoir envoie à celui de cette année un tableau de grande dimension qui est refusé. Il montrait, sous le titre de *Parisiennes habillées en Algériennes*, un groupe de femmes dans un intérieur, vêtues de costumes orientaux de fantaisie. Toutes les parties étaient pleines de tons et de reflets, les ombres elles-mêmes étaient colorées. En 1873, Renoir envoie au Salon deux tableaux, *l'Allée cavalière au bois de Boulogne* et un portrait. Ils sont aussi refusés. On est étonné aujourd'hui que l'*Allée cavalière* ait jamais pu être condamnée par un jury de peinture [1]. Une amazone, à peu près de grandeur naturelle, sur un cheval et à côté d'elle un jeune garçon, sur un poney, viennent vers le spectateur, le cheval de l'amazone au trot, le poney au galop. On est là en présence d'une œuvre de belle allure, où l'auteur atteint la grande force d'exécution. Il est présumable que c'est le coloris, alors déconcertant par

---

(1) Ce tableau après avoir fait partie de la collection Henri Rouart, se trouve maintenant au musée de Hambourg.

sa nouveauté, où apparaissent les reflets et les variations de tons propres à Renoir et à l'impressionnisme, qui aura fait repousser l'œuvre.

La difficulté grandissante de se faire recevoir aux Salons, avec les particularités de sa manière maintenant développées, amène Renoir à se joindre à ses amis Monet et Sisley, pour montrer ses œuvres hors des Salons dans des expositions particulières. Il prend part avec eux à la première exposition chez Nadar, en 1874, sur le boulevard des Capucines. Il y met cinq tableaux à l'huile et un pastel. Parmi se trouvaient deux œuvres que l'on peut dire de ses meilleures : *la Danseuse* et *la Loge*. *La Danseuse* est une toute jeune fille debout, de grandeur naturelle, avec un jupon de tulle bouffant. *La Loge* représente une femme assise au théâtre et près d'elle un jeune homme en habit et cravate blanche. Tout le monde admire ces œuvres aujourd'hui, mais elles ne furent remarquées en 1874, que pour exciter les railleries.

Renoir, en 1876, mettait à la seconde exposition des Impressionnistes dix-huit œuvres variées. C'étaient les années où les Impressionnistes, pris d'une mutuelle émulation, atteignaient la plénitude de leur originalité. Renoir comme les autres a donc été en accentuant sa manière d'exposition en exposition et à celle de 1877, rue Le Peletier, ses envois le montraient sous un aspect tout à fait particulier. Les principaux étaient *La Balançoire* et le *Bal à Montmartre*, au *Moulin de la galette*, qui, comme faisant partie de la collection Caillebotte, sont entrés au Musée du Luxembourg.

Au Salon de 1868, il avait montré, pour la première fois, une figure sous le feuillage, traversé par des rayons lumineux. *La Balançoire* et le *Bal à Montmartre*, exposés rue Le Peletier, en 1877, répétaient cette disposition. On avait des personnages en plein air, sous le feuillage, éclairé par le soleil, avec des taches de lumière répandues sur eux et sur le sol. Mais dans l'intervalle de 1868 à 1877 Renoir, par sa persistance à travailler en plein air, est arrivé à serrer de plus en plus près les jeux de la lumière et les colorations naturelles, et en effet son feuillage éclairé apparaissait maintenant coloré, d'une toute autre façon qu'en 1868. Son feuillage de 1868 avait été de ce vert clair, adopté comme note permanente par les paysagistes jusqu'alors, et ses taches lumineuses avaient été de cette sorte de jaune, uniformément employé pour représenter les parties éclairées directement par le soleil, en opposition avec les parties dans l'ombre. Mais maintenant les Impressionnistes Pissarro, Monet, Sisley, Renoir ont reconnu, en commun, que les colorations de la lumière et de l'ombre en plein air ne sont jamais semblables, qu'elles varient selon les heures, les saisons et les circonstances atmosphériques. D'après ces observations, cherchant à être aussi vrais que possible, ils étaient arrivés à rendre les éclats de la lumière et les ombres en toute occasion diversement colorés.

On avait vu Pissarro et Monet peindre des effets de neige et de givre au soleil, où les ombres portées avaient pris des tons bleus. Sisley avait peint des terrains ensoleillés, rose-lilas. Dans cette même voie, Renoir venait maintenant donner une teinte générale violette aux personnages et aux terrains de sa *Balançoire* et de son *Bal à Montmartre*, placés sous le feuillage éclairé par le soleil. Depuis on s'est tellement familiarisé avec les ombres colorées, les tons violets en particulier sont revenus si souvent, qu'ils passent sans exciter de remarque, mais en 1877, ils apparaissaient comme une innovation monstrueuse. On se maintenait alors dans la conception traditionnelle, qui faisait considérer l'ombre et la lumière comme des oppositions fixes, l'ombre apparaissait toujours sur les toiles semblable à elle-même, épaisse ou légère mais uniformément en noirceur. Renoir étendant un ton général violet, qui fut de l'ombre, faisait donc l'effet d'un ignorant, d'un contempteur des règles. Il contribuait ainsi, par son apport d'originalité, au débordement de mépris, d'injures, de risées qui accueillait les Impressionnistes à leur exposition. Il en avait par là même sa part et, comme conséquence, il éprouvait les pires difficultés à vendre ses œuvres, de manière à pouvoir vivre.

Il avait à ses débuts connu le manque d'argent et subi l'extrême gêne, il n'en était jamais réellement sorti et il se voyait, après ses expositions avec les Impressionnistes, dans un plus grand embarras que jamais. Il avait cherché à se procurer des ressources, par la vente de ses toiles aux enchères. Il se joignait donc à Claude Monet, à Sisley, à Berthe Morisot, en mars 1875, pour faire une première vente publique à l'Hôtel Drouot et en mai 1877 à Pissarro, Sisley, Caillebotte pour en faire une seconde. Les prix obtenus avaient été dérisoires. Les vingt toiles mises à la vente de 1875 ne produisaient que 2.150 francs. Il s'en trouvait dans le nombre d'importantes et des meilleures, telles que *Avant le bain*, une jeune femme, le buste nu, les bras levés, dénouant sa chevelure, dont le prix ne dépassait pas 140 francs. *Une Vue du Pont-Neuf* montait par extraordinaire à 300 francs. A la vente de 1877, après l'exposition de la rue Le Peletier, Renoir n'obtenait pas meilleur succès, seize toiles ne produisaient toutes ensemble que 2.005 francs.

Renoir après l'insuccès de ces deux ventes publiques renonçait à en essayer de nouvelles. Dans l'état de mépris où la condamnation prononcée contre ses œuvres les avaient fait tomber, il ne pouvait d'ailleurs parvenir à les vendre convenablement. La question d'obtenir de son travail une rémunération, qui lui permît de vivre, était donc devenue angoissante. Il va la résoudre, en s'adonnant tout particulièrement à la peinture de portrait. Il la pratiquait déjà. — Il avait entre autres peint les portraits de ses camarades Monet et Sisley. — Il va maintenant la développer, en peignant des portraits, qui seront des œuvres importantes par les dimensions et les arrangements, et il obtiendra dans cette voie un appui suffisant, de la part de gens éclairés et de gens riches, pour se tirer de l'extrême gêne où il avait jusqu'alors vécu.

M. Choquet fut le premier a demander à Renoir des portraits. C'était un homme d'un goût sûr. Il avait d'abord, dans sa jeunesse, admiré Delacroix, puis à la première vue des Impressionnistes, il avait su reconnaître en eux de grands artistes. Il se liait particulièrement d'amitié avec Renoir et Cézanne. Il faisait exécuter à Renoir deux portraits de lui, des têtes, trois portraits de sa femme, dans des poses diverses et un petit portrait, d'après une photographie, d'une fille qu'il avait perdue. La plupart étaient montrés à l'exposition de 1876. Mais M. Choquet, ne jouissant alors que d'une modeste aisance, n'avait pu demander que des œuvres de dimensions restreintes. Renoir allait maintenant trouver des gens riches, qui lui feraient exécuter des portraits, qui seraient de grands tableaux.

Parmi les hommes d'un goût éclairé qui, en contradiction avec le public, avaient su d'abord comprendre l'art neuf des Impressionnistes se trouvait l'éditeur Charpentier. Il faisait peindre à Renoir un premier portrait de sa femme, une tête, envoyé à l'exposition de la rue Le Peletier en 1877.[1] Ce portrait avait été jugé excellent, dans le petit cercle où l'on savait apprécier les Impressionnistes. M. et Mme Charpentier, encouragés par ce succès, demandent par surcroît à Renoir une œuvre des plus importantes. Mme Charpentier sera peinte de grandeur naturelle, dans un arrangement avec ses enfants. Le tableau, tel qu'il existe[2] la montre en effet vêtue d'une robe noire, assise sur un sofa ; à côté d'elle, sur le parquet, sont ses deux fillettes, jouant avec un gros chien. Tout l'ensemble est coloré, les lambris du fond, le tapis du parquet, les vêtements multicolores de la mère et des enfants, le poil noir et blanc du gros chien, forment un assemblage de tons tranchés, tous en valeur et en même temps tenus dans une grande harmonie et une parfaite justesse.

Lorsque cette maîtresse œuvre eut été peinte, la question se posa de la montrer au Salon, où elle serait vue par l'élite et par la foule. Mais se présenter au Salon et prétendre s'y faire recevoir, après les refus naguère subis et la réputation d'artiste dévoyé acquise aux expositions des Impressionnistes, eut indiqué de la part de Renoir, laissé à lui-même, une grande présomption. Heureusement qu'il allait trouver de l'appui. Mme Charpentier, qui avait un salon où

---

[1] Maintenant au musée du Luxembourg.
[2] Maintenant au Metropolitan Museum, de New-York.

fréquentait le Tout Paris littéraire et artistique et jouissait en conséquence d'une grande influence, allait se mettre en campagne. En même temps que le portrait de Mme Charpentier, Renoir présentait à l'examen du jury le portrait en pied, aussi de grandeur naturelle, de Mlle Jeanne Samary, une sociétaire de la Comédie-Française, favorite du public. Refuser les portraits de femmes aussi en vue que Mme Charpentier et Mlle Samary devint impossible, après les démarches répétées, faites auprès des membres du jury par Mme Charpentier et les personnes qu'elle fit agir. Les deux portraits furent donc reçus et même, au Salon, exposés fort en vue, sur la cimaise. Renoir, le refusé des Salons de 1872 et de 1873, le peintre honni et conspué aux expositions des Impressionnistes, rentrait ainsi avantageusement au Salon de 1879.

En cette même année, il fut appelé à faire un premier portrait par des gens du monde riches, M. et Mme Bérard, avec lesquels il allait se lier d'amitié. M. et Mme Bérard ne prétendaient point être des connaisseurs en peinture — par bonheur pour Renoir car, au cas contraire, ils n'eussent probablement vu en lui qu'un artiste dévoyé, comme le faisaient en masse les gens du monde — ils demeuraient sans opinion sur les mérites ou les démérites de l'impressionnisme, dans un état d'esprit tranquille. M. Deudon, un de leurs amis, avait acheté *la Danseuse* de Renoir. Il la leur avait montrée comme une œuvre pleine de charme, et les avait sollicités de faire exécuter, par son auteur, le portrait d'une de leurs filles. Les Bérard avaient en effet trouvé de l'agrément à la danseuse et, après des hésitations fort naturelles, puisqu'il s'agissait d'un artiste alors absolument décrié, ils se décidaient à demander à Renoir le portrait de leur fille aînée, Marthe. Renoir s'arrêta à une pose simple, d'un coloris sobre, de manière à ne pas effaroucher. Il peignit la jeune fille debout, sur fond neutre, les mains croisées devant elle, vêtue d'une courte robe noire, avec une ceinture bleue, collerette et manchettes de dentelle. Cette œuvre était très réussie et les Bérard furent enchantés de la grâce, qu'ils trouvaient à leur fille sur la toile. Ils avaient su en même temps apprécier la bonne humeur et l'esprit avisé du peintre. Ils en font donc un ami. Il vont l'avoir chez eux en ville et à la campagne et ils lui feront peindre tout un ensemble de portraits.

Renoir, qui avait commencé par une œuvre très sobre, après deux ou trois autres semblables, se sentant en pied dans la maison, devait se permettre des arrangements de toute sorte et atteindre l'extrême hardiesse du coloris. Il faisait ainsi successivement dix portraits. Quand on sait ce que valent les portraits de certains peintres en renom, l'idée d'en trouver dix de l'un d'eux dans un même lieu serait suffisante pour le faire éviter. Mais les portraits de Renoir rendaient l'intérieur des Bérard délicieux. On pouvait reconnaître là comment un véritable artiste, un peintre inventeur, est apte à obtenir sur un thème donné, de réelles œuvres d'art variées à l'infini.

Il a peint une tête de Mme Bérard, où passe sur les traits une sorte de sourire de bonté, de charme et de distinction, puis une tête de la plus jeune fille, la petite Lucie, avec les cheveux ébouriffés et l'expression effarouchée de l'enfance. Il a peint, en plein air, sur la plage de Berneval la jeune Marguerite en pied, en costume de bain, donnant à l'ensemble la fameuse tonalité violette, qui lui est propre. Il a remis ses tons violets comme fond, dans un portrait du fils

Paul, vêtu d'un « complet » bleu. Il a réuni toutes les têtes des enfants, quelques-unes répétées deux fois, sur une même toile et a fait de cet ensemble très clair, une sorte de salade pleine de vie. Enfin comme couronnement, il a groupé sur une grande toile les trois sœurs, Marthe, Marguerite et Lucie. Elles sont là sans ombre, dans ce que l'on pourrait appeler la crudité de la pleine lumière. L'aînée vue de profil, coud, assise sur une chaise, vêtue d'une robe grenat, les deux autres, en costume beige, sont l'une debout, l'autre étendue sur un canapé, un livre ouvert devant elle. Cette œuvre [1] est exécutée dans une gamme de tons audacieuse qu'il n'a jamais dépassée. Elle est à placer, comme importance et comme réussite, à côté du portrait de Mme Charpentier et de ses filles.

Renoir reçu au Salon, continuait à s'y montrer après 1879, pendant plusieurs années. En 1880, il y mettait les *Pêcheuses de moules* et une *Jeune Fille endormie*. Les *Pêcheuses de moules*, la principale debout, une hotte dans le dos, ont été peintes sur la plage de Berneval, un village de bains de mer près de Dieppe, à côté de Wargemont, la propriété des Bérard, où Renoir séjournait à maintes reprises. Il peignait donc tant à Berneval qu'à Wargemont, de nombreuses œuvres. En 1881, il mettait au Salon deux portraits de jeunes femmes, en 1882 un seulement et en 1883 un encore.

Renoir envoyant aux Salons avait momentanément délaissé ses amis les Impressionnistes, il manquait à leurs expositions de 1879, de 1880 et de 1881. Mais il se remettait avec eux à celle de 1882, tenue au n° 251 de la rue

---

(1) Maintenant à la National Galerie, à Berlin.

Saint-Honoré, dans le salon du panorama de Reichshoffen, sur l'emplacement maintenant occupé par le Nouveau-Cirque. Il n'y envoyait pas moins de 25 toiles. Plusieurs peintes à Bougival et à Chatou étaient consacrées aux plaisirs des canotiers. A cette époque — 1880, 1882 — où la bicyclette n'était pas encore connue, le canotage formait l'exercice préféré de la jeunesse parisienne. Il donnait aux bords de la Seine, près de Paris, une animation qu'ils ont aujourd'hui perdue. La principale des toiles suggérées par le canotage, *les Canotiers*, compte même dans l'œuvre de Renoir, comme une des plus importantes qu'il ait peintes, par ses dimensions et les traits saillants, qui s'y rencontrent, de la peinture en plein air. Les canotiers et leurs compagnes se voient assemblés après déjeuner, autour d'une table, sous une tente. La Seine et ses bords boisés, éclairés par le soleil, forment un fond lumineux au tableau et en augmentent l'éclat général.

En 1883, M. Durand-Ruel, avait loué temporairement le premier étage d'une maison en réparation, au n° 9 du boulevard de la Madeleine. Il y faisait de mars à juin, des expositions, dont chacune était consacrée exclusivement à un peintre impressionniste. Renoir, du 1er au 25 avril, pouvait exposer ainsi un ensemble de 70 œuvres anciennes déjà vues ou récentes, montrées pour la première fois. Parmi ces dernières se trouvaient deux toiles particulièrement réussies *Danseurs Bougival* et *Danseurs Paris*, la valse sous deux aspects différents. A Bougival un canotier en « complet » bleu et une jeune femme en robe de campagne, à Paris un jeune homme en habit noir et cravate blanche et une partenaire en costume de soirée.

Aux expositions de 1882 et de 1883, rue Saint-Honoré,

et sur le Boulevard, Renoir avait mis des vues de Venise, de Naples, d'Alger et des toiles dénommées *Femme assise Alger*, *Négresse Alger*. Il ne s'agissait plus maintenant, comme avec la *Femme d'Alger* du Salon de 1870, de types de fantaisie, arrangés à Paris, mais de véritables Algériennes, obtenues sur les lieux. Renoir avait rapporté de nombreuses toiles d'un voyage en Italie et en Algérie. Il avait, dans l'hiver de 1881-1882, visité Venise où il peignait, Rome où il se contentait de regarder, Naples et Palerme où il peignait de nouveau. En revenant à Marseille l'hiver, il fut pris d'un refroidissement et, le médecin lui interdisant de rentrer à Paris, il alla passer le printemps de 1882, à Alger. Il y peignit des tableaux, où est porté à sa dernière accentuation le rendu du ciel, de la mer et de la végétation, éclairés par l'ardent soleil d'Afrique.

A l'exposition du boulevard de la Madeleine figurait aussi un portrait de Richard Wagner, peint dans des circonstances assez particulières. Renoir venu à Naples apprit que Wagner passait l'hiver à Palerme. Renoir était un enthousiaste de la musique de Wagner, qu'il avait entendue, dès les premiers moments où on avait commencé à la jouer à Paris. Il partit pour Palerme, un peu avec le désir de voir la Sicile, mais surtout avec celui de peindre un portrait de Wagner. Il s'était muni de lettres de recommandation, qu'il perdit en route et ne put produire. Il entra en relations, dans son embarras, avec M. de Joukowsky, un admirateur passionné de Wagner, qui le suivait partout et qui se trouvait naturellement auprès de lui à Palerme. Renoir présenté par M. de Joukowsky à Wagner, lui raconta comment il avait d'abord entendu sa musique dans des cénacles à Paris, où figuraient de ses amis français de la première heure, dont il lui cita les noms. Wagner se montra sur cela fort cordial. Il consentit à poser devant lui, quoiqu'il ne l'eût encore fait, dit-il, pour aucun peintre, il n'avait jamais posé que devant des photographes. Renoir ne sait point s'il est réellement le seul peintre, en faveur de qui Wagner ait fait une exception. Il sait seulement que Wagner le lui a déclaré. Wagner se tint assis un peu plus d'une demi-heure. Dans ce court espace de temps, Renoir enleva une tête pleine de caractère, que l'on sent d'une grande ressemblance. La demi-heure passée, Wagner se trouvait fatigué, il devenait cramoisi. Renoir prit donc congé. Le but de son voyage à Palerme était atteint. Il emportait le portrait qu'il était venu pour peindre.

Renoir qui avait cessé d'exposer aux Salons après 1883 se reprenait exceptionnellement à envoyer., une dernière fois, à celui de 1890. Il y mettait une grande toile, très colorée et lumineuse, donnant les portraits des trois filles de M. Catulle Mendès. L'aînée y est représentée assise au piano, la cadette debout près d'elle, un violon sous le bras, l'archet à la main, et la plus jeune appuyée des deux mains sur le piano.

.

Le peintre Caillebotte mourait encore jeune en 1894. Il instituait Renoir, avec lequel il avait été très lié, son exécuteur testamentaire. Renoir allait avoir de ce fait tout une action à poursuivre auprès de l'État. Caillebotte s'était joint aux Impressionnistes à leur seconde exposition, en 1876. Il s'y était produit avec ses *Raboteurs de parquet*, des œuvres exécutées à l'atelier, de tons sobres, par conséquent ne laissant point voir ces traits marqués, que la pratique de peindre en plein air avait amené chez les Impressionnistes. Caillebotte, après ce début, liant définitivement son sort au leur, devait se mettre comme eux à peindre en plein air, devant la nature. Mais tout en développant à son tour la gamme des tons clairs, il le faisait sans ajouter un apport particulier à ce que les premiers partis avaient trouvé. Il devait peindre le paysage, en s'inspirant surtout de Claude Monet. Quand il se joignait aux Impressionnistes le grand effort était fait, la formule de l'art nouveau était établie et quoique ses œuvres soient dignes d'une place au milieu des autres, elles ne sauraient cependant être tenues qu'au second plan.

Caillebotte était riche. Il avait formé une importante collection d'œuvres de Manet, de Degas, de Pissarro, de Claude Monet, de Sisley, de Renoir, de Cézanne qu'il léguait, par testament, à l'État, pour être placée au Musée du Luxembourg. Quelques années auparavant l'offre faite au Musée de l'*Olympia* de Manet, avait soulevé de telles colères, vu naître une telle résistance avant d'être acceptée, que le legs survenant maintenant, en addition, de tout un ensemble d'œuvres de Manet et des Impressionnistes susciterait sûrement une grande hostilité et courait même le risque d'être refusé. Renoir devait donc se livrer à un long travail, de concert avec les héritiers de Caillebotte, auprès des représentants de l'État, pour faire accepter les tableaux légués.

Une opposition très forte contre l'entrée au Luxembourg d'une collection entière d'Impressionnistes se manifesta en effet, dans certains milieux artistiques. Cependant ceux qui s'y laissaient aller n'osèrent poursuivre ouvertement le rejet du legs. Ils prirent une voie détournée pour atteindre leurs fins. Ils essayèrent d'abord d'empêcher que les conditions mises à sa générosité par le testateur ne fussent remplies, puis, déjoués sur ce point, s'efforcèrent d'obtenir, comme pis aller, qu'on n'acceptât qu'une partie de la collection, réduite le plus possible. Le testateur demandait que tous ses tableaux entrassent au Luxembourg, sans exception. Il ne s'était point inquiété de l'exiguïté du Musée. Arguant du manque de place, l'Administration des Beaux-Arts déclara qu'elle n'accepterait les tableaux, qu'à la condition d'être laissée libre de choisir dans l'ensemble les meilleurs, pour les placer au Musée, en nombre proportionné à l'espace disponible. Les autres seraient envoyés aux Palais de Compiègne et de Fontainebleau. Renoir et les héritiers de Caillebotte repoussèrent cette proposition. Ils craignaient que, s'ils laissaient pleine liberté à l'État, très peu de tableaux n'entrassent au Luxembourg, pendant que le plus grand nombre serait envoyé à Compiègne et à Fontainebleau, relégué ainsi au loin, ce que le testateur avait voulu éviter.

Après pourparlers, Renoir et les héritiers consentirent à une transaction. L'État ferait un choix, mais en s'engageant à mettre au Luxembourg tous les tableaux choisis et en outre à comprendre indistinctement, dans le choix, des œuvres de tous les peintres représentés dans la collection. C'était une manière de respecter, au moins en esprit, la volonté du testateur. Il s'était surtout proposé, en stipulant l'entrée de la collection entière au Luxembourg, d'y faire pénétrer les peintres, ses amis sans préférence, de manière à ce qu'aucun ne demeurât au dehors. Mais ce point ne fut admis par les représentants de l'État, qu'avec difficulté, car il s'agissait surtout de Cézanne, qui excitait une véritable horreur, si bien qu'alors qu'on se résignait à prendre des œuvres de tous les autres, on pensait délibérément à écarter les siennes. Cependant Renoir et les héritiers de Caillebotte furent inflexibles et les représentants de l'État durent céder sur ce point, c'est-à-dire accepter des tableaux de Cézanne, avec ceux des autres.

Après accord, on choisit, pour le Luxembourg, deux Manet sur trois, huit Claude Monet sur seize, six Sisley sur neuf, sept Pissarro sur dix-huit, tous les Degas au nombre de sept, de petites dimensions, deux Cézanne sur quatre. Renoir était représenté dans la collection par huit tableaux, on en prit six. Parmi se trouvaient de ses œuvres les meilleures, son *Bal à Montmartre* et sa *Balançoire* de l'exposition de 1877, rue Le Peletier, qui avaient apporté cette tonalité imprévue des ombres violettes, en plein air. Renoir s'était employé avec dévouement à faire exécuter les dernières volontés de son ami Caillebotte. Le Musée du Luxembourg s'ouvrait aux Impressionnistes, ce qui était un notable avantage pour des artistes jusqu'alors méprisés par le public et honnis dans les sphères officielles. Et en consacrant ses efforts au bien des autres, il avait heureusement travaillé pour lui, car il prenait place au Musée, avec des tableaux qui le montraient sous un aspect très personnel et très caractéristique.

Renoir a surtout été un peintre de figures, mais, porté comme tous les Impressionnistes à travailler en plein air devant la nature, il s'est aussi adonné au paysage. Ses tableaux de cette sorte sont peints dans une gamme colorée et lumineuse, ils offrent un aspect décoratif, en prenant le mot dans un sens élevé ; la nature s'y laisse voir sous des traits ornés.

En considérant l'ensemble de son œuvre, on reconnaît qu'il a surtout été le peintre de la femme. Il l'a pénétrée d'une sorte de sensualité, qui n'est point venue d'une recherche réfléchie, mais qui n'a été que l'effet de sa perception directe. Il a tout le temps peint des nus d'un charme voluptueux, aux contours souples, où s'est manifestée toute sa personnalité. A un certain moment, au milieu de sa carrière, il a cherché à préciser la forme de ses nus, à y introduire la fermeté des contours. Il regarde alors vers Ingres. Mais cette recherche, dans le nu, de la ligne précise, n'apparaît chez lui que transitoire. Il est vite revenu, pour ne plus l'abandonner, à la forme souple, voluptueuse et enveloppée, qui est sa manière naturelle, de sentir et de s'exprimer.

Il se dégage de son œuvre un type féminin fort original que l'on voit apparaître dès le début. C'est celui de la jeune Parisienne, allant de la bourgeoise à l'ouvrière, de la midinette à la fille qui danse au bal Montmartre, une petite personne svelte, pimpante, habillée gentîment, rieuse, ingénue. A cette Parisienne de la seconde moitié du XIXe siècle, Renoir a donné une grâce et un agrément, auxquels on peut trouver de la ressemblance avec le charme que les peintres du XVIIIe siècle ont mis à un tout autre monde et à une toute autre classe de femmes.

*
* *

Renoir s'est marié et a eu trois enfants. Son fils aîné Pierre, après des études régulières au Conservatoire, entré au théâtre, s'est fait une place distinguée parmi les acteurs parisiens.

Renoir avec le temps est d'abord arrivé à l'aisance, puis à la fortune. L'âge venu, il a été pris de rhumatismes, qui l'ont contraint d'abandonner Paris l'hiver. Il est alors allé s'établir à Cagnes, près de Nice, où il a acheté une campagne. Il s'y est construit une maison, au milieu de jardins et il y jouit du plaisir de voir fleurir ses orangers et mûrir ses olives.

Depuis qu'il s'est établi à Cagnes, sur la Méditerranée, où la douceur du climat lui permet de travailler en plein air, il s'est remis à peindre le paysage, auquel il s'était autrefois adonné. Ses paysages, survenus ainsi dans de nouvelles conditions, offrent des traits qui les différencient de ses œuvres antérieures du même ordre. Il y a surtout introduit les oliviers, que lui présentaient son jardin et les terres voisines et, tout en restant fidèle à la réalité, a su leur donner une allure, qui en fait des arbres de noblesse et de dignité.

Comme devant lui, dans un groupe d'amis, on faisait justement la remarque que ses paysages du Midi, avec les oliviers, donnaient bien des campagnes, ayant un aspect différent de celui du Nord, ce que tant de peintres venus du Nord allant travailler dans le Midi ne savent faire, je l'ai entendu dire : « Ah! le Midi, ce n'est pas tout d'y aller pour le peindre, il faut pouvoir le pénétrer. Et j'ai dû mettre du temps et m'appliquer, pour bien saisir les oliviers et les donner avec leur juste physionomie ». On peut recommander à l'attention des jeunes gens, cette réflexion d'un artiste, parvenu à la grande renommée et en pleine possession de ses moyens, qui déclare que ce n'est toujours que par un travail soutenu et une étude suivie, qu'il lui est possible de saisir quelque aspect nouveau de la nature.

Renoir établi l'hiver dans sa campagne de Cagnes n'a cessé de venir l'été à Paris. Il a même pu entreprendre une dernière fois, en 1910, un lointain voyage. Il est allé à Munich visiter des amis et a peint, à cette occasion, le portrait de la maîtresse de la maison, Mme Thurneyssen, et de son fils. Il a continué à peindre avec assiduité à Cagnes, à Nice et à Paris. Il a peint, à Nice, en 1912, un grand portrait de Mme de Galéa. Elle est étendue sur un sofa, vêtue d'une robe diaprée, avec une tapisserie éclatante sur la muraille, comme fond. Cette œuvre, par son importance, est à mettre à côté des grands portraits de Mme Charpentier et de ses filles et des demoiselles Bérard.

Il a peint, à Paris, au milieu d'œuvres variées, le portrait de Mme Paul Cassirer, qui est, à Berlin, une actrice renommée. Son mari, le grand marchand et promoteur en Allemagne des œuvres des Impressionnistes français, l'avait amenée à Paris pour avoir son portrait par Renoir. C'était une heureuse inspiration, car Renoir a fait d'elle un portrait, qui est une véritable œuvre de maître. Tout en conservant au modèle son type caractéristique de femme allemande, il a su l'envelopper d'un charme caressant, d'une grâce voluptueuse, qu'aucun peintre allemand n'aurait pu lui donner. Ce portrait s'achevait, en 1914, lorsque survint la déclaration de guerre, et M. et Mme Cassirer, le laissant derrière eux, à Paris, durent repartir en hâte pour Berlin.

Depuis que tout jeune il a commencé à peindre, Renoir n'a cessé de développer, d'accentuer sa manière. A la légèreté de ses œuvres de début se sont progressivement substitués un faire plus robuste, une coloration plus vive, des tons plus poussés. Ce qui permet maintenant aux critiques et aux collectionneurs de se partager, les uns vantant surtout ses premières œuvres, les autres préférant les dernières. Tandis que ceux qui admirent vraiment l'artiste apprécient également les diverses parties de son œuvre, y retrouvant le même fond, sous les différences d'exécution.

Les rhumatismes dont Renoir est depuis longtemps affligé, qui lui rendent la marche difficile et qui, s'attaquant aux mains, les lui ont contournées — ce qui l'oblige à tenir son pinceau d'un manière particulière — ont pu grandir et se développer avec les années, sans toutefois diminuer son ardeur au travail et sans atteindre la valeur de son exécution. Vollard était allé en 1917 en Espagne, à l'occasion de l'exposition de peinture française, qui se tenait cette année-là à Barcelone. Il en avait rapporté un somptueux costume de torero, d'une étoffe toute pailletée et lamée d'argent. Renoir séduit par cette parure en revêtit Vollard et, le peignant ainsi, a fait du paisible Parisien un semblant de torero. Mais ce qu'il y a de remarquable dans ce portrait, exécuté par un homme de 76 ans, ce n'est pas seulement qu'on y reconnaît une facture pleine de vigueur mais que la fraîcheur, l'acuité du coloris montrent que l'artiste a conservé toute sa netteté de vision. Les yeux qui s'affaiblissent si souvent chez les vieillards sont chez lui restés intacts.

Les expositions des Impressionnistes, où Renoir avait montré ses œuvres et les divers Salons où il les avait d'abord exposées, l'avaient dès longtemps fait connaître à ce public particulier, qui s'intéresse aux formes d'art nouvelles et à ces quelques hommes à l'esprit ouvert, qui savent apprécier l'originalité et l'invention partout où elles apparaissent. Sa réputation établie dans ce cercle restreint avait ainsi couvé, si l'on peut dire, pendant de longues années, mais le moment allait enfin venir où elle prendrait possession du grand public. Ce changement avait son point de départ en 1904. Le Salon d'automne faisait cette année-là une exposition rétrospective de ses œuvres, empruntées aux diverses époques de sa production. Cet ensemble frappa tout le monde par sa variété, son charme et sa maîtrise. La presse fut comme unanime à le louer. La réputation de Renoir s'étend dès lors sans arrêt. Les musées et les collectionneurs se disputent ses œuvres.

La guerre arrive, en 1914, et alors qu'elle met un arrêt à la vie artistique, que les musées se ferment, que les Salons sont supprimés, que les expositions particulières deviennent rares, par une singulière péripétie, c'est à ce moment que la réputation de Renoir va prendre toute son extension. La guerre, qui a mis les nations aux prises les amène, en dehors de l'action militaire, à vouloir user de tous leurs moyens de propagande et de toutes les ressources de leur génie, pour exercer leur influence au dehors. Dans le domaine des arts, et particulièrement dans celui de la peinture, la France a prétendu depuis longtemps et prétend plus que jamais, à l'excellence et à la suprématie. La guerre venue, les amis que la France compte à l'étranger pensèrent que ce qui pourrait donner le plus de satisfaction aux Français, ce qui serait pris par eux comme la meilleure marque d'intérêt, serait de leur offrir l'occasion d'affirmer au-dehors leur supériorité artistique. Dans ces conditions, des Comités se formèrent en pays neutres, pour organiser des expositions d'œuvres des peintres modernes français.

Le gouvernement français vit avec joie la création de ces Comités et il seconda leurs efforts. Il leur assura des allocations, pour parer aux frais à faire, il leur facilita le transport des objets à exposer, leur envoi et leur retour, dans les meilleures conditions possibles. Des expositions, qu'on peut dire solennelles, telles qu'elles étaient organisées et décisives, par le nombre et le choix des œuvres montrées, eurent lieu ainsi dans les pays neutres, en Hollande, à La Haye, en novembre 1916, en Espagne, à Barcelone, en mars 1917, en Suisse, à Zurich, en octobre 1917.

Or ce que les Comités, qui s'étaient fait les initiateurs des expositions dans les trois pays, demandèrent à recevoir avant tout, pour le montrer à leurs nationaux, ce furent les œuvres des peintres impressionnistes. Et dans les trois pays, parmi les œuvres des peintres impressionnistes, les œuvres qui séduisirent le plus furent celles de Renoir. Le charme du coloris, la grâce et la volupté qu'on y trouvait frappaient à l'étranger, comme des qualités éminemment françaises, portées là à tout leur développement. Après ces expositions, on peut dire que Renoir est définitivement entré dans la gloire.

BERTHE MORISOT

On doit considérer comme un phénomène rare cette apparition, pour former le groupe impressionniste, d'une suite d'hommes doués de facultés qui leur sont communes, marquées cependant chez chacun d'un caractère individuel. En remontant dans le passé, on découvrirait évidemment des apparitions analogues de groupes d'écrivains et d'artistes, venant, à certaines époques, porter à leur plénitude des formes de littérature ou d'art. Mais de telles apparitions ont été très rares.

Si de telles apparitions d'hommes ont été très rares, au moins tout aussi rares ont été les apparitions — mais alors restreintes à l'état individuel — de femmes destinées à exceller dans le domaine de l'art, surtout dans celui de la peinture. Or ces deux sortes d'apparitions très rares, d'un groupe d'hommes liés entre eux par des facultés exceptionnelles communes, et d'une femme supérieurement douée en art, se sont rencontrées pour amener le groupe impressionniste à sa forme complète.

Au moment où les hommes, qui sont les initiateurs du groupe impressionniste, se combinent, une femme se trouve à côté d'eux, qui a subi des influences semblables aux leurs et que ses affinités portent à s'unir à eux. Cette femme c'est Berthe Morisot. Elle allait faire apparaître, dans l'ensemble de l'œuvre impressionniste, à côté des caractères de force et de puissance, qui appartiennent aux hommes, de ces traits qui n'appartiennent qu'aux femmes, un charme délicat, une grâce pleine d'abandon, une distinction à la fois naturelle et raffinée.

Berthe Marie Pauline Morisot naquit à Bourges, le 14 janvier 1841. Elle appartenait à une famille où l'on s'était traditionnellement adonné aux arts. Son grand-père était un architecte distingué. Son père, Tiburce Morisot, entraîné au début par ses penchants artistiques, avait étudié à l'École des Beaux-Arts et visité l'Italie, la Sicile et la Grèce. Puis il s'était engagé dans une toute autre voie, il avait embrassé la carrière administrative. D'abord sous-préfet dans divers arrondissements, il était devenu préfet du Cher, de 1840 à 1848. C'est pendant sa résidence à Bourges, en qualité de préfet, que naquit Berthe, la dernière de ses trois filles. Berthe et sa sœur la plus rapprochée d'elle par l'âge, Edma, montrèrent de bonne heure d'heureuses dispositions pour le dessin. Le père, se rappelant ses propres goûts de jeunesse, se plut à les cultiver. Après avoir été au commencement de l'Empire préfet du Calvados, nommé conseiller à la Cour des comptes, il vint habiter Paris avec sa famille. Il put alors développer le talent de ses filles. Il leur donna pour maître, Guichard, qui, sans avoir jamais montré d'invention, était un excellent professeur.

Lorsque les demoiselles Morisot eurent suffisamment profité des leçons de leur premier maître, elles se sentirent attirées par Corot. Elles firent sa connaissance vers 1862.

Il les prit en amitié. Les jeunes filles l'eurent alors pour guide. Lui, qui répugnait à l'exercice de tout professorat, les envoya à son ami Oudinot, qui avait adopté sa manière et habitait près de Pontoise. Elles peignirent donc sous la direction d'Oudinot des paysages, particulièrement à Auvers. Elles commencèrent à exposer au Salon en 1864. Leurs envois n'ont jamais dû être refusés, car elles continuent à se produire ensemble au Salon en 1865, 1866, 1867 et 1868.

L'aînée, Edma, abandonne la peinture à partir de 1868, elle épouse un officier de marine et devient Mme Pontillon, Berthe reste donc seule. J'ai eu l'occasion de revoir les tableaux mis à un des Salons de ses débuts, celui de 1865, un paysage et une nature morte. Ils sont peints d'une façon très ferme et, comme œuvres de commencement, ne laissent rien à désirer. La manière qui se révèle dans le paysage est celle de Corot. C'est évidemment sous l'influence de Corot, qu'elle a développé l'émotion personnelle et l'invention artistique, pour les superposer à la technique scolaire de son premier maître, Guichard. Son apprentissage a été ainsi très sérieux. Il faut donc voir en elle une artiste consommée. Sa qualité de fille d'une famille riche et de femme du monde ne saurait la faire prendre, pour ce que sont généralement les femmes de sa condition, dites artistes, des personnes produisant en *dilettanti* et à la légère.

Les demoiselles Morisot étaient allées travailler au Louvre, dès qu'elles avaient eu une certaine technique. A cette époque la pratique de peindre devant la nature n'était qu'exceptionnellement suivie; en général les peintres enseignant dans les ateliers l'ignoraient et par conséquent ne l'inculquaient point aux élèves. Ils leur recommandaient au contraire la stricte fréquentation du Louvre, pour y faire des copies et y pénétrer le secret des grands devanciers. Les débutants travaillaient donc alors au Louvre, en beaucoup plus grand nombre qu'aujourd'hui. Les demoiselles Morisot y allèrent elles-mêmes tout d'abord faire des copies, accompagnées de leur mère.

Vers 1861, elles avaient vu peindre à côté d'elles, un jeune artiste, Manet. Sans entrer avec lui en relations proprement dites, elles l'avaient connu. Il copiait, lui aussi, des tableaux : le *Portrait du Tintoret,* par lui-même, *La Vierge au lapin blanc,* du Titien. Il n'était point encore en vue, il sortait de chez Couture, il débutait. Mais lorsqu'après le Salon des refusés de 1863, où il mettait son *Déjeuner sur l'herbe* et le Salon de 1865, où il exposait *L'Olympia*, il fut devenu célèbre, les dames Morisot, se rappelant le jeune homme rencontré au Louvre, allèrent faire sa connaissance en règle, à son atelier. Il était marié à cette époque; sa femme et lui vivaient avec Mme Manet mère, veuve d'un juge et femme du monde, de manières distinguées. La connaissance faite à l'atelier entraîna à des relations des dames Morisot avec les dames Manet et, bientôt, à des rapports, entre tous les membres des deux familles.

L'aînée des demoiselles Morisot se maria sur ces entrefaites, Berthe restée seule à peindre vint travailler avec Manet, dans son atelier. Elle passe donc à ce moment sous son influence immédiate, mais il ne faut point la donner comme étant devenue son élève. Lorsqu'elle se rattachait à lui, il ne lui restait rien à apprendre, en fait de règles et de principes, son éducation artistique était terminée. Ce qu'elle devait lui emprunter était cette part de technique neuve, cette forme d'exécution pleine d'éclat, qu'il avait personnellement inaugurée et que ses propres dons d'artiste supérieure, lui permettaient à elle-même de s'approprier. Mlle Morisot après cela aura une production où la gamme des tons, les qualités de clarté et de lumière seront d'ordre dérivé, mais sans que, pour le fond, son originalité féminine et sa manière de sentir soient altérées.

Des rapports d'artistes suivis se sont donc établis entre Manet et Berthe Morisot. Manet avait pris en aversion les modèles professionnels. Il cherchait systématiquement, pour les introduire dans ses tableaux, les gens de caractère tranché, qu'il pouvait découvrir dans la vie, autour de lui. Mlle Morisot lui offrait précisément un type caractérisé de femme distinguée. Il va donc l'utiliser comme modèle. Il la peint une première fois en 1868, dans son tableau *Le Balcon*, exposé au Salon en 1869 et maintenant au Luxembourg. Elle lui donne la jeune femme assise. La ressemblance n'a pas été serrée de très près, le modèle a été rendu librement. La ressemblance devient tout à fait fidèle dans un second tableau, en 1869, exposé au Salon de 1873 sous le titre : *Le Repos*. Celui-là est strictement un portrait et de tous ceux qu'il peindra encore d'elle, reste le plus important et le plus expressif. Elle est représentée sur un divan, les deux bras jetés de chaque côté sur les coussins, les yeux profonds et mélancoliques. On a là le type d'une femme rare.

Berthe Morisot était en effet une femme, qu'on ne pouvait s'empêcher de remarquer. On ne saurait dire qu'elle fut réellement belle, ses traits manquaient de régularité et son teint d'éclat, mais elle était gracieuse, d'une grande distinction et d'un parfait naturel. En la voyant, svelte et toute nerveuse, on reconnaissait la sensitive, l'être impressionnable. Elle possédait l'organisation qui fait l'artiste et certes, elle était artiste de race. Ce qu'elle produisait venait de source, tout pénétré de charme et de sensibilité. Il y a eu accord complet entre elle et son œuvre.

Tant que demeurée sous l'influence de Corot elle avait peint auprès d'Oudinot, Berthe Morisot s'était presque exclusivement adonnée au paysage, ses envois aux Salons ne comprenaient guère que des œuvres de cette sorte. Mais après s'être rattachée à Manet, surtout peintre de figures, elle étend le champ de son art, elle ajoute à la peinture du paysage celle de la figure. Elle montrait au Salon de 1870 deux tableaux à personnages : *Portrait de Mme XXX*, et *Une jeune femme à sa fenêtre*. A partir de ce moment ses envois aux expositions, seront composés d'œuvres prises aux deux genres. Elle met des pastels aux Salons de 1872 et de 1873. Puis cesse absolument d'exposer aux Salons, pour se joindre aux artistes qu'on va appeler les Impressionnistes. Elle apparaît à la première exposition, en 1874, sur le boulevard des Capucines, avec des paysages et des figures, des tableaux à l'huile et des pastels. Elle sera ensuite avec Pissarro la plus fidèle à participer aux expositions de l'impressionnisme. Sauf en 1879, elle prendra part à toutes, jusqu'à la dernière en 1886.

Elle envoyait à l'exposition de 1880, rue des Pyramides, le tableau *Jeune femme au bal*, maintenant au Musée du Luxembourg. On peut le donner comme un des meilleurs exemples de sa production, alors qu'elle avait pleinement profité de la manière de Manet. Sa technique première, faite de précision s'est combinée avec la faculté de peindre en fondant les contours, pour tenir les formes dans l'air. L'ensemble est d'un grand charme. On se sent là en présence d'une œuvre féminine par sa délicatesse, mais qui ne tombe point dans cette mièvrerie et cette sécheresse, que laissent généralement voir les ouvrages des femmes. Je citerai ce que je disais de ses procédés d'exécution, dans une brochure sur les Impressionnistes, publiée en 1878, et qui correspond encore si bien au jugement que je puis porter, que je ne saurais m'exprimer autrement : « Les couleurs sur les toiles de Mlle Morisot prennent une délicatesse, une morbidesse, un velouté singuliers. Le blanc se pénètre de reflets, qui le conduisent à la nuance rose thé ou au gris cendré, le carmin passe insensiblement au ton pêche, le vert du feuillage prend tous les accents et toutes les pâleurs. L'artiste termine ses toiles en donnant, de ci de là, de légers coups de pinceau, c'est comme si elle effeuillait des fleurs. »

Elle peindra ainsi dans les tons clairs et nuancés des portraits, des tableaux de genre, montrant des jeunes femmes en déshabillé ou à leur toilette, des paysages, assez souvent avec personnages, où l'influence autrefois subie de Corot restera visible. Puis vers 1885-1886 elle modifie sa palette. Ses œuvres laissent voir de ces effets imprévus de coloration, auxquels elle n'avait pas encore pensé. Elle participe à cette marche en avant, qui porte les Impressionnistes à accentuer de plus en plus leur coloris. Elle se développe simultanément avec les autres, pour une part sur son propre fonds, pour une part en recevant de Claude Monet et de Renoir, selon cette pratique que nous avons déjà en diverses occasions reconnue aux Impressionnistes de se communiquer les uns aux autres leur apport.

Son œuvre offre donc de la variété. Le fonds en est formé par les tableaux à l'huile, qui comprennent les figures exécutées presque toutes à Paris, les paysages peints surtout à Pontoise, à Compiègne, à Fontainebleau, à Bougival, les marines peintes sur la côte normande, à Nice, à Jersey, en Angleterre. Elle a produit des pastels, des dessins à la sanguine et aux crayons. Elle a particulièrement excellé dans l'aquarelle, ses aquarelles sont délicieuses de légèreté, et de transparence. Elle s'est essayée à l'eau-forte, on a d'elle, dans cet ordre, une suite de huit sujets.

Berthe Morisot épousa, en 1874, Eugène Manet, le frère cadet du peintre. Elle continua après son mariage à signer ses œuvres de son nom de jeune fille et nous continuerons à le lui donner. Son mari et elle riches, chacun de leur côté, se trouvèrent en ménage dans une brillante situation de fortune. Ils habitèrent, rue Villejust, une maison qu'ils avaient fait construire. L'appartement qu'ils y occupaient renfermait une grande pièce, disposée pour recevoir des tableaux. Les œuvres de Manet tenaient là la première place, puis venaient celles de la maîtresse de la maison. Le cercle de leurs visiteurs était restreint, mais choisi, il comprenait, en première ligne, les peintres amis Degas, Renoir, Pissarro, Monet, quand il venait à Paris et le poète Stéphane Mallarmé. Ce dernier avait pour Berthe Morisot un vrai culte. Il admirait le talent de l'artiste et ressentait la séduction de la femme. Il sut lui donner une grande satisfaction, en faisant entrer une de ses œuvres au musée du Luxembourg.

Berthe Morisot voyait constamment sa position de femme du monde voiler sa qualité d'artiste. Les critiques, qui parlaient des expositions des Impressionnistes, la laissaient généralement dans l'ombre, ou ne la considéraient que comme une sorte de dilettante. C'était une injustice. Par ses études premières, sa poursuite assidue de l'art, auquel elle donnait toute son âme, elle se savait l'égale de n'importe quel autre et souffrait secrètement d'être traitée en amateur. La collection Caillebotte avait fait entrer au Luxembourg un ensemble d'œuvres des Impressionnistes, où cependant les siennes manquaient. Mallarmé allait lui ouvrir, à son tour, la porte du musée, avec sa *Femme au bal*.

Ce tableau avait figuré à l'exposition des Impressionnistes de l'année 1880, rue des Pyramides. De Nittis l'y avait acheté. Je l'avais après cela acquis moi-même à sa mort. Je le tenais chez moi à la meilleure place et quand Mallarmé venait me voir, nous nous extasions ensemble sur son charme. Lorsque les circonstances m'amenèrent, en 1894, à une vente de mes tableaux, Mallarmé pensa que l'occasion était excellente, pour faire pénétrer une œuvre de Berthe Morisot au musée du Luxembourg et que la *Femme au bal* était un excellent exemple à choisir. Il était personnellement très lié avec le directeur des Beaux-Arts M. Roujon, qui, avant d'entrer dans l'administration, avait fait partie des hommes de lettres soumis à son influence. Il lui écrivit donc, pour lui recommander l'achat de la *Femme au bal*, d'une manière pressante. Mais l'entrée encore récente de la collection Caillebotte au musée du Luxembourg avait soulevé une telle colère dans certains quartiers influents, que l'addition d'une nouvelle œuvre impressionniste paraissait scabreuse.

M. Roujon désireux de se mettre en règle, en s'assurant les lumières des hommes de compétence officielle, vint chez moi voir le tableau, avec M. Bénédite, le conservateur du Luxembourg et M. Benoit, conservateur au Louvre. Le tableau parlait pour lui-même et les trois visiteurs en décidèrent l'achat. M. Roujon se montra d'ailleurs plein de sollicitude. Puisqu'il s'agissait de l'œuvre d'une femme distinguée, dont on voulait honorer le talent, il déclara qu'en crainte qu'elle ne restât sans être poussée aux enchères, ce qui serait une sorte de défaveur jetée sur l'œuvre et sur l'artiste, il convenait de fixer d'avance le prix, où l'on entendait la faire monter. Il le fixa à 4.500 francs, ce qui à cette époque était une somme plus que convenable. Le tableau fut en effet acquis à la vente publique pour ce prix, et aussitôt placé au musée du Luxembourg. Berthe Morisot éprouva une vraie satisfaction de cet achat, qui en soi n'avait rien d'extraordinaire mais qui prenait à ses yeux de l'importance, du fait qu'une reconnaissance publique de son mérite s'était produite et que l'entrée au Luxembourg la sortait du rang d'artiste amateur, où l'on avait comme cherché à la tenir.

Berthe Morisot perdit son mari, en 1892, et resta veuve avec une fille. Elle-même de santé frêle et délicate, mourut le 2 mars 1895.

CÉZANNE

Paul Cézanne aura été essentiellement un Provençal. Il devait garder toute sa vie, dans son parler, un fort accent méridional. il a toujours conservé une attache avec sa terre natale et il a fini, après l'avoir quittée, par y retourner vivre. Il n'a jamais rien laissé voir, à Paris, de parisien. La Provence est aujourd'hui la seule partie de la France, qui ait résisté à l'influence absorbante de Paris, qui ait gardé une âme et une vie propres. Elle a maintenu, dans une certaine mesure, ses traditions, sa langue et a produit des hommes profondément empreints du terroir, des hommes comme Mistral, Monticelli et aussi Cézanne.

Cézanne aura donc été avant tout redevable de son caractère à son pays d'origine. De tous ceux qu'on a appelés les Impressionnistes, il aura été en réalité le moins impressionniste. Les particularités, qui constituent les traits communs de l'impressionnisme, qu'il aura prises dans le milieu parisien, où il a développé son art, se sont simplement superposées au fond de style sobre, de simplicité d'ordonnance, qui lui sera venu de sa terre, de vieille formation latine.

Il naquit à Aix-en-Provence, le 19 janvier 1839. Il

était fils d'un homme, qui allait devenir un riche banquier et habiter hors de la ville, une maison dans un parc (le Jas de Bouffan). Il entra au collège d'Aix, en 1853. Il s'y trouva avec Émile Zola, dont le père, ingénieur, construisait un canal à Aix et il se lia avec lui d'une étroite amitié. Il sort du collège à 19 ans bachelier. Il suit, en 1860-1861, les cours de l'École de droit, y prend plusieurs inscriptions et passe même le premier examen avec succès. L'étude du droit le dégoûte, il la délaisse.

Sa vocation artistique se développait. Il avait ressenti de bonne heure une passion pour le dessin. Il exprime, en abandonnant l'étude du droit, l'intention de s'adonner à la peinture. Il vient une première fois à Paris, en 1862, amené par son père. Il fréquente l'Académie Suisse, mais échoue dans le concours pour l'admission à l'École des Beaux-Arts. Revenu à Aix, à la suite de cet échec, il entre dans le bureau de la banque paternelle. Ce genre de vie lui devient tout de suite naturellement insupportable et, l'appel de la vocation se faisant de plus en plus sentir, il obtient, en 1863, de repartir pour Paris, où il se livrera tout entier à la peinture. Son père lui alloue une pension de cent cinquante francs par mois, bientôt portée à trois cents, qui lui sera toujours régulièrement payée.

Cézanne retrouve Émile Zola à Paris. Ils continuent leur vieille camaraderie et mènent une sorte de vie commune. On peut voir, par la correspondance de Zola, quels rapports intimes s'étaient, dans leur jeunesse, établis entre eux. A l'époque de leur maturité, alors que leurs talents seraient complètement épanouis, la divergence de leurs tempéraments, la différence de leurs modes de travail, la manière de sentir dissemblable, devaient les amener à s'écarter plus ou moins, chacun cantonné sur son propre terrain, mais il n'y a jamais eu de rupture. Et lorsqu'au commencement de 1906, on inaugurera solennellement à la Bibliothèque d'Aix, un buste de Zola, Cézanne assistera à la cérémonie et se montrera profondément ému de l'honneur rendu à son vieil ami.

Cézanne venu à Paris se met au travail. Il fréquente l'Académie Suisse, sur le quai des Orfèvres. Après le premier apprentissage, il prend un atelier rue Beautreillis et commence à produire. Cependant il lui faudra du temps, même un long temps, pour développer sa pleine originalité. Il était de ces hommes, qui ont leurs facultés cachées comme au fond d'eux-mêmes et qui, pour se les rendre claires et les féconder, ont besoin d'un effort soutenu. Il n'y aura donc jamais chez lui de virtuosité, le travail facile et l'improvisation lui resteront inconnus. Le temps entrera, élément essentiel, dans le dégagement de son originalité, puis dans la formation des divers genres qu'il cultivera et même dans l'exécution de chacune de ses œuvres saillantes, particulières. Mais, comme dit Alceste, le temps ne fait rien à l'affaire.

Au début, en homme qui cherche, il subit les grandes influences qui s'exerçaient alors sur les jeunes gens émancipés, celles de Delacroix et de Courbet. Le romantisme et la palette de Delacroix l'ont séduit les premiers. On a de lui un certain nombre d'œuvres de pur romantisme. La plus importante a fait partie de la vente Zola, en mars 1903, sous le titre *l'Enlèvement*. Cependant l'action de Delacroix n'est que transitoire ; celle de Courbet, qui devait être plus profonde et plus durable lui succède. Il fait personnellement la connaissance de Courbet. Le réalisme de Courbet correspondait au fond à sa manière d'être, aussi les œuvres qu'il produit sous cette influence sont-elles relativement nombreuses.

En 1866 Zola, chargé par M. de Villemessant de rendre compte du Salon dans l'*Evénement*, avait fait de Manet un éloge enthousiaste, qui causait un énorme scandale. Il avait dû, en conséquence, quitter *l'Evénement* et interrompre son Salon. Devenu après cela comme le champion de Manet, il nouait avec lui des relations suivies. Cézanne, dans l'étroite intimité où il se tenait avec Zola, fut du coup entraîné vers Manet et son art. Il ne retient plus, à partir de ce moment, la gamme de coloration de Courbet, il passe à celle de Manet. Il est en marche pour développer le système de coloris, qui l'établira dans sa pleine originalité.

Il faut bien expliquer que les influences subies par Cézanne ne marquent pas des manières différentes, absolument tranchées. Il s'agit, dans son cas, d'un homme très ferme, qui s'est d'abord engagé dans une voie certaine. En effet, la désignation de ses sujets, les limites dans lesquelles il entend se tenir ont été promptement fixées. Sauf au premier moment où, sous l'influence de Delacroix, il peint quelques compositions romantiques, il n'a jamais été attiré que par le spectacle du monde visible. Il n'a point recherché les sujets descriptifs, il a ignoré les emprunts littéraires. L'expression de sentiments abstraits, d'états d'âme, lui est toujours restée inconnue. Il s'est d'abord consacré à peindre ce qui peut être vu par les yeux, les natures mortes, les paysages, les têtes ou portraits et, comme une sorte de couronnement, des compositions mais d'ordre simple, où les personnages sont mis côte à côte, uniquement pour être peints.

Le terrain sur lequel il entend se tenir étant tout de suite délimité, quand on parle des influences subies, il s'agit en réalité de questions de technique, de la gamme des tons, des valeurs de palette, qu'il doit d'abord aux devanciers. C'est donc surtout son coloris, qui a passé par des phases diverses, avant d'être pleinement fixé. C'est l'aspect extérieur qui change et se modifie, jusqu'au jour où il prend son caractère définitif par l'adoption de la peinture en plein air. Le fait se produit en 1873. A ce moment Cézanne va résider à Auvers-sur-Oise. Il s'y rencontre avec Pissarro et Vignon, qui peignaient depuis longtemps en plein air.

Il se met à peindre à leur exemple, en tenant les yeux sur les colorations vives, que l'éclat de la lumière donne à la campagne. Il n'était guère jusqu'alors sorti de l'atelier, même ses paysages, comme la *Neige fondante* de la vente Doria, avaient été exécutés à l'intérieur, loin de la scène naturelle représentée. Quand Cézanne commençait systématiquement à peindre en plein air, à Auvers, il avait 33 ans, il travaillait depuis longtemps, il était en possession sûre de ses moyens. Aussi en contact direct avec la nature et les colorations vives du plein air, s'épanouit-il dans toute son originalité. Il développe une gamme de couleur absolument personnelle et imprévue, d'une grande puissance.

Quoiqu'il en soit, il faut se garder d'en faire un homme pénétré d'idées révolutionnaires et de sentiments hostiles à l'égard des anciennes écoles. Il admirait, autant que quiconque, les vieux maîtres, Poussin en particulier, qu'il connaissait très bien pour avoir fréquenté le Louvre. Son originalité lui traçait une voie propre, qu'il entendait suivre sans dévier, mais après cela il n'eût pas mieux demandé que de plaire au public et de participer aux expositions officielles, en jouissant des avantages de toute sorte qu'on peut en obtenir.

Il avait cherché obstinément à se faire recevoir aux Salons, pendant des années. Il y avait présenté, avant et après 1870, des tableaux invariablement refusés. C'est cette impossibilité de pénétrer aux Salons qui l'amenait, en grande partie, à s'unir aux artistes qu'on appellerait les Impressionnistes. Il avait, à son arrivée à Paris, fait en premier lieu la connaissance de Pissarro et de Guillaumin, puis celle de Renoir et de Claude Monet. Il se joignait donc à eux, pour prendre part à la première exposition qu'ils organisaient chez Nadar, en 1874, boulevard des Capucines.

Il y mettait, comme principale composition, *la Maison du Pendu*, aujourd'hui dans la collection de Camondo, au Louvre, peinte à Auvers, en 1873. Le nom venait du fait que l'occupant de la maison s'y était suicidé. Cette toile laisse certes voir les dons caractéristiques de son auteur, ce qui n'empêche pas qu'on y découvre, comme dans les autres qu'il peint à la même époque, à Auvers, l'influence de Pissarro, auprès duquel il s'était d'abord mis à travailler en plein air. Cependant de l'exposition des Impressionnistes de 1874 à celle de 1877, Cézanne s'est dégagé, il est entré en complète possession de la technique du plein air. Il expose alors seize tableaux et aquarelles, des natures mortes, des fleurs, des paysages et une tête d'homme, le portrait de M. Choquet. Ces œuvres le montrent parvenu à la plénitude de son originalité.

A l'exposition de 1877, rue Le Peletier, les Impressionnistes, se produisant dans toute leur hardiesse, soulevaient une horreur générale et faisaient au public l'effet de monstres et de barbares. Mais celui d'eux tous qui causait l'horreur la plus profonde, qui plus spécialement que tous les autres faisait l'effet d'un vrai barbare, d'un vrai monstre, c'était Cézanne. En 1877 les souvenirs de la Commune demeuraient vivants et si les Impressionnistes furent alors généralement traités de « communards », ils le durent surtout à sa présence, au milieu d'eux.

Il est probable qu'on ne verra jamais se déchaîner, contre quelque peintre que ce soit, l'hostilité que les Impressionnistes ont eu à subir. Pareil phénomène ne saurait se répéter. Le cas des Impressionnistes, où la flétrissure a fait place à l'admiration, a mis l'opinion en garde. Il servira sûrement d'avertissement et devra empêcher qu'un soulèvement, tel que celui que nous avons connu, ne se produise jamais plus contre les novateurs et les originaux, qui pourront encore survenir. S'il doit en être ainsi, Cézanne aura fourni un exemple appelé à demeurer unique. Si les Impressionnistes sont destinés à rester les peintres qui auront été de tous les plus maltraités à leur apparition, Cézanne qui, au milieu d'eux, a été sans comparaison le plus honni aura eu ainsi l'honneur d'être de tous les artistes originaux jamais apparus dans le monde, celui qui aura le plus fait rugir les Philistins. C'est qu'avec lui l'originalité et la physionomie à part se seront manifestées, de manière à trancher plus qu'elles ne l'avaient encore fait auparavant sur les formules courantes de l'art facile, admis de tous. Il faut voir d'où venait ce fait.

Cézanne devait d'abord sa physionomie à part, à la circonstance qu'il n'était entré dans l'atelier d'aucun peintre en renom, pour apprendre à produire selon la formule courante. Les ateliers parisiens sont arrivés à former un nombre illimité de peintres, qui travaillent d'après des règles si sûres, qu'on peut dire de leurs œuvres qu'elles sont impeccables. Des centaines se montrent tous les ans aux Salons, dessinant des contours et peignant des surfaces sans défauts. On n'a rien à reprocher à leurs envois. Seulement tous ces gens-là se ressemblent, ont même technique, même facture. Leurs œuvres finissent par exciter le dégoût de ceux qui recherchent, en art, l'originalité et l'invention. Mais, avec leur correction routinière, elles donnent une régularité générale du dessin, un aspect convenable des formes, qui ont si bien pris les yeux, que tout ce qui en diffère paraît au public fautif, mal dessiné, mal peint.

Or Cézanne, par sa manière à part, venait heurter violemment le goût banal, habituel du public. Il était avant tout peintre et ne dessinait pas, en arrêtant des lignes et des contours à la manière des autres. Il appliquait, par un procédé personnel, des touches sur la toile, les unes à côté des autres d'abord, puis les unes par-dessus les autres après. On peut aller jusqu'à dire que, dans certains cas, il maçonnait son tableau, et de la juxtaposition et de la superposition des touches colorées, les plans, les contours, le modelé se dégageaient, pour ceux qui savaient voir, mais pour les autres restaient noyés dans un mélange uniforme de couleur.

Cézanne avant tout *peintre*, dans le sens propre du mot, recherchait avant tout la qualité de la substance peinte et la puissance du coloris. Mais alors pour ceux qui ne comprennent le dessin que par des lignes précises et arrêtées, il ne dessinait pas ; pour ceux qui demandent à un tableau d'offrir des motifs historiques ou anecdotiques, les siens ne présentant rien de pareil étaient comme non existants ; pour ceux qui veulent des surfaces recouvertes également, son faire, par endroits rugueux et ailleurs allant jusqu'à laisser des parties de la toile non couvertes, paraissait être celui d'un impuissant ; sa touche, par juxtaposition de tons colorés égaux ou se superposant, pour arriver à l'épaisseur, semblait grossière, barbare, monstrueuse.

Il existait cependant une particularité d'ordre tout à fait supérieur dans ses œuvres, mais aussi précisément de cette sorte que le public en général, les littérateurs et même le commun des peintres ne peuvent d'abord ni comprendre ni apprécier, puisque d'abord ils ne peuvent même pas la saisir, c'est la valeur en soi de la matière mise sur la toile, la puissance harmonieuse du coloris. Or les tableaux de Cézanne offrent une gamme de coloris d'une intensité très grande, d'une clarté extrême. Il s'en dégage une force indépendante du sujet, si bien qu'une nature morte — quelques pommes et une serviette sur une table — prendront de la grandeur, au même degré que pourra le faire une tête humaine ou un paysage avec la mer. Mais la qualité de la peinture en soi, où réside surtout la supériorité de Cézanne, n'étant point accessible aux spectateurs, tandis que ce qu'ils tenaient pour monstrueux leur crevait les yeux, les rires, les sarcasmes, les injures, les haussements d'épaules, étaient les seuls témoignages que ses œuvres leur parussent mériter et qu'aussi bien ils leur prodiguaient.

Cézanne aux expositions de 1874 et de 1877 se voyait donc si absolument conspué, il se sentait si irrémédiablement méconnu, qu'il renonçait pour longtemps à se montrer au public. Il ne devait en effet prendre part à aucune des autres expositions organisées par les Impressionnistes. Mais, replié sur lui-même, il continuera à peindre de la façon la plus assidue, la plus tenace. Il se livrera sans arrêt à l'exercice de l'art. Son cas est ainsi remarquable dans l'histoire de la peinture.

Voilà un homme qui, en montrant ses œuvres, a été tellement maltraité, qu'il s'abstient de les remettre de nouveau sous les yeux du public. Rien ne peut lui laisser entrevoir que l'opinion changera à son égard, dans un avenir prochain ou même jamais. Ce n'est donc pas pour ce qui miroite aux yeux de tant d'autres, le renom, les honneurs à acquérir qu'il travaille, puisque ces avantages lui paraissent définitivement refusés. Ce n'est pas non plus en vue d'un profit, puisqu'après l'horreur causée par ses œuvres, il n'a aucune chance d'en vendre, ou s'il en vend quelques-unes exceptionnellement, il n'en obtient qu'une somme infime. D'ailleurs il n'a pas besoin de produire pour vivre, comme tant d'autres qui, une fois engagés dans la carrière, ont à lutter contre la misère. Il jouit d'une pension de son père qui l'alimente, en attendant le jour où l'héritage paternel le fera riche. Il ne continuera donc à peindre par aucun de ces motifs, qui décident généralement de la conduite des autres. Il continuera à peindre par vocation pure, par besoin de se satisfaire lui-même. Il peint parce qu'il est fait pour peindre. On a ainsi avec lui l'exemple d'un homme, que son organisation mène à faire forcément une certaine besogne. Évidemment les yeux qu'il promenait sur les choses lui procuraient des sensations si particulières, qu'il éprouvait le besoin de les fixer par la peinture et qu'en le faisant, il ressentait le plaisir d'un besoin impérieux satisfait.

Puisqu'il peint maintenant uniquement pour lui-même, il peindra de cette sorte, qui lui permettra le mieux d'obtenir la réussite difficile qu'il conçoit. Il n'y aura donc dans sa facture aucune trace de ce que l'on peut appeler la virtuosité, il ne se permettra jamais ce travail facile du pinceau, donnant des à peu près. Il procède d'une manière serrée. Il tient les yeux obstinément fixés sur le modèle ou le motif, de façon à ce que chaque touche soit bien mise, pour contribuer à établir sur la toile ce qu'il a devant lui. Il pousse si loin la probité à rendre sincèrement l'objet de sa vision, il a une telle horreur du travail fait de *chic*, que lorsque dans son exécution, il se trouve par endroits des points de la toile non couverts, il les laisse tels quels, sans penser à les recouvrir, par un travail postérieur de reprise des parties d'abord négligées, auquel se livrent tous les autres.

Son système le contraint à un labeur en quelque sorte acharné. Ses toiles en apparence les plus simples demandent un nombre considérable, souvent énorme de séances. Ses procédés ne lui permettent non plus d'obtenir cette réussite moyenne certaine, à laquelle les autres arrivent. Il abandonnera en route nombre de ses toiles, qui resteront à l'état d'esquisses ou d'ébauches, soit que l'effet recherché n'ait pu être obtenu, soit que les circonstances aient empêché de les mener à terme. Mais alors les œuvres parvenues à la réussite complète laisseront voir cette sorte de puissance, que donne l'accumulation d'un travail serré cependant resté libre, procurant l'expression forte et directe.

Cézanne prit philosophiquement son parti du mépris dont il était l'objet. L'idée ne lui vint pas un seul instant de modifier, en quoi que ce soit, sa manière, pour se rapprocher du goût commun. Mais il se voyait aux expositions de 1874 et de 1877 si absolument conspué, il se sentait si irrémédiablement méconnu, qu'il renonçait pour longtemps à se montrer au public. Une fois retiré du contact public, par sa renonciation aux expositions, il peint sans s'inquiéter de ce qui peut se passer autour de lui.

Quand nous disons qu'il a renoncé à cette époque à participer aux expositions, cela s'applique rigoureusement aux expositions des Impressionnistes, auxquelles il manque après 1877, mais il existe cependant une exception. Repris, en 1882, de son désir de pénétrer aux Salons, il envoya à celui de cette année un portrait d'homme. Guillemet, un de ses amis du temps d'apprentissage, alors membre du jury le fit recevoir. Le Salon de 1882 a été ainsi le seul qui, par aventure, ait vu une œuvre de Cézanne.

Vingt ans vont s'écouler, pendant lesquels il restera méprisé ou méconnu du public, des écrivains, des collectionneurs, des marchands, des hommes qui donnent aux artistes le renom et leur permettent de tirer profit de leur travail. Il ne sera alors apprécié que du petit groupe des peintres ses amis, Pissarro, Monet, Renoir, Guillaumin qui l'ont tout de suite considéré comme un maître, auxquels se joignent quelques amateurs, qui l'ont aussi compris et veulent avoir de ses œuvres. Le comte Doria fut un des premiers collectionneurs à le goûter. Il possédait une importante réunion de tableaux de Corot et des maîtres de 1830. Il y ajouta, après 1870, des œuvres des Impressionnistes et en particulier *La Maison du Pendu* de Cézanne. Puis il échangea ce tableau avec M. Choquet pour *la Neige fondante*, qui a figuré à sa vente, en mai 1899.

Avec M. Choquet nous venons de nommer l'homme qui, ressentit d'abord pour Cézanne une vive admiration. Il s'était dans sa jeunesse épris de Delacroix, à l'époque où celui-ci était encore généralement dédaigné et avait pu ainsi, avec de modestes ressources, acquérir un ensemble de ses œuvres. Après être allé d'instinct à Delacroix, il était allé ensuite d'instinct aux Impressionnistes. C'était un homme d'une grande politesse, qui émettait ses opinions avec chaleur mais toujours sous les formes les plus déférentes. Il réussissait de la sorte à se faire écouter par beaucoup de gens qui, à cette époque, n'eussent toléré d'aucun autre un éloge des Impressionnistes en général et de Cézanne en particulier. On le rencontrait en tout lieu, où les Impressionnistes trouvaient occasion de montrer leurs œuvres, aux expositions et aux ventes. Il devenait une sorte d'apôtre. Il prenait les uns après les autres les visiteurs de sa connaissance et s'insinuait auprès de beaucoup d'autres, pour chercher à les pénétrer de sa conviction et leur faire partager son admiration et son plaisir.

M. Choquet s'était en 1877 lié d'amitié avec Cézanne, qui passa dès lors une partie de son temps, à peindre pour lui, en ville et à la campagne. Il peignit particulièrement plusieurs portraits de M. Choquet très travaillés, l'un, une tête exposée rue Le Peletier, en 1877, un autre, à mi-corps, costume blanc, se détachant sur un fond de plantes vertes, peint en plein air, à la campagne, en Normandie, en 1885.

En juillet 1899, à la vente après décès de Mme Choquet, qui avait hérité de la collection de son mari, 31 toiles de Cézanne passèrent aux enchères ; dans le nombre se trouvait le *Mardi gras*, un grand pierrot et un arlequin, formant un de ces sujets, où les personnages sont mis surtout pour être peints, sans se livrer à des actions particulières.

En 1870 et années suivantes un petit marchand, qu'on appelait le père Tanguy, vendait des toiles et des couleurs dans une boutique de la rue Clauzel. Les Impressionnistes, qui lui prenaient des fournitures, lui donnaient des tableaux en échange. Quoiqu'il les offrît à des prix infimes, il ne parvenait à en placer que très peu et sa boutique en restait encombrée. Il avait continué, comme tant d'autres, après le siège de Paris, sous la Commune, à faire partie de la garde nationale et, pendant la bataille entre les Fédérés et l'armée de Versailles, avait été pris et envoyé à Satory. Il passa en conseil de guerre. Heureusement pour lui que les officiers enquêteurs n'eurent point l'idée de rechercher les tableaux qu'il tenait en vente, pour les montrer à ses juges, car dans ce cas il eût été sûrement condamné et fusillé. Acquitté, il put reprendre son commerce. C'était un homme du peuple, doué d'un goût naturel, mais sans culture. Il désignait l'ensemble des Impressionnistes, par un mot pompeux « l'École », qui dans sa bouche avait quelque chose de drôle. En 1879 Cézanne avait quitté un appartement qu'il occupait près de la gare Montparnasse, se rendant à Aix. Il laissait ses tableaux à la disposition du père Tanguy, avec qui j'allai les voir, pour en acheter. Ils représentaient le travail accumulé de plusieurs années. Je les trouvai rangés par piles, contre la muraille, les plus grands à 100 francs, les plus petits à 40 francs. J'en choisis plusieurs dans les piles.

Cézanne s'était marié en 1867. Il eut un fils en 1872. Son temps a été partagé entre Paris, les environs et sa ville natale d'Aix, où il n'a jamais cessé de séjourner par intervalles, car il a toujours conservé les meilleures relations avec sa famille. Il vécut, pendant des années, d'une manière resserrée, avec la pension reçue de son père. Il ne vendait point alors de tableaux ou à des prix tels, que leur produit n'ajoutait presque rien à son petit budget. Après la mort de son père, en 1886, et celle de sa mère, en 1897, il entra en possession de la fortune paternelle, partagée avec ses deux sœurs et passa à l'état de riche bourgeois de la ville d'Aix. Il y fixa alors sa résidence. Il eut une maison en ville et se fit construire un atelier au dehors, à quelque distance. Devenu riche, il ne changea rien à sa manière de vivre. Il continua, comme par le passé, à peindre assidûment, ne prenant toujours d'intérêt qu'à son art.

Les années semblaient se succéder le laissant isolé, mais le temps qui travaille pour ce qui a de la valeur en soi, travaillait pour lui. A la première génération, qui n'avait connu les Impressionnistes que pour les railler, en succédait une autre, qui savait les comprendre et les apprécier. Cézanne le plus méprisé de tous dans la période de méconnaissance, devait rester en arrière des autres, lorsque la faveur viendrait à se produire ; il demeurerait ignoré de la foule et continuerait à être réprouvé par le monde académique. Mais, en compensation, il allait recueillir l'appui d'un cercle sans cesse élargi d'adhérents, artistes, collectionneurs, marchands.

Le père Tanguy avait été le premier à tenir de ses œuvres,

à une époque où il était comme impossible d'en vendre. C'est Pissarro, qui a toujours professé une grande admiration pour Cézanne, qui avait guidé le père Tanguy et qui amenait ensuite Vollard, en des circonstances plus heureuses, à prendre la même voie. Vollard était venu de l'Ile de la Réunion, son pays natal, faire ses humanités et ses études de droit à Paris. Il s'était, à la recherche d'une profession, établi marchand de tableaux. Vers 1890 il s'engagea dans l'achat des tableaux de Cézanne. Entré en relations avec le fils, il en acquit environ 200, pour une somme de 80 à 90.000 francs. Il loua, afin de compléter son entreprise, un magasin rue Laffitte, près du Boulevard, où il int en vue les tableaux. Ce fut pour Cézanne un événement que cette péripétie, qui l'amenait à vendre ses œuvres, maintenant présentées en permanence aux connaisseurs et au public. Aux rares collectionneurs des premiers temps, le comte Doria, M. Choquet, M. de Bellio, en succédaient de nombreux : MM. Pellerin, Bernheim jeune, Fabbri, Gasquet, Lœser, Alphonse Kann, pour ne parler que des principaux. Sa réputation allait passer les frontières; en Allemagne on rechercherait ses œuvres et les jeunes artistes y subiraient son influence.

En France sa prise sur les peintres émancipés de la nouvelle génération devenait évidente, lorsque se formaient à Paris, en 1884, la Société des Artistes indépendants, puis, en 1909 le Salon d'automne. Là il serait tenu pour un maître, c'est sur lui qu'on s'appuierait. Après avoir voulu, au début, montrer ses œuvres aux Salons et aux expositions des Impressionnistes et avoir été amené à y renoncer, sous le flot d'injures qu'elles suscitaient, il allait maintenant pouvoir les envoyer, à son gré, à des expositions où elles seraient reçues avec empressement. Il prenait donc part aux expositions des Indépendants des années 1899, 1901 et 1902 et à celle du Salon d'automne de 1905. Un de ses tableaux serait admis à l'Exposition universelle de 1889 et plusieurs à celle de 1900. En 1907, le Salon d'automne ferait, après sa mort, une exposition générale de son œuvre.

Maurice Denis a su donner expression aux sentiments des artistes, qui admiraient plus particulièrement Cézanne. Il a peint une grande toile, sous le titre *d'Hommage à Cézanne*, exposée en 1901 au Salon de la Société nationale des Beaux-Arts. Autour d'un tableau de Cézanne sont groupés en déférence, les peintres Bonnard, Denis, Ranson, Redon, Roussel, Sérusier, Vuillard, et avec eux Mellerio et Vollard.

Le temps avait donc travaillé en faveur de Cézanne. Au xxe siècle, il vendait sa peinture, il comptait de nombreux admirateurs et il pouvait constater que son influence s'étendait parmi les jeunes artistes. Cependant, quoiqu'il en fût, il devait rester jusqu'à son dernier jour ignoré de la foule et continuer, dans les hautes sphères officielles, à être tenu pour un réprouvé. Il était dit qu'il ne pourrait jamais causer que de l'effroi, aux hommes se donnant la mission de défendre les règles et de maintenir les sages traditions.

M. de Tschudi, directeur de la National Galerie à Berlin, s'était fait en Allemagne, avec MM. Liebermann, Meier-Graefe et le comte Kessler, l'introducteur de la peinture moderne française, représentée par Manet et les Impressionnistes. C'était un homme courageux qui, dans la défense de la forme d'art venue de France, qu'il croyait devoir préconiser, n'a pas craint d'affronter des attaques violentes. Il fit entrer, vers 1899, à la National Galerie à Berlin, à l'aide de fonds qu'il obtint de personnes riches influencées par lui, *Dans la Serre*, de Manet, *la Conversation*, de Degas, des tableaux de Renoir, Pissarro, Claude Monet, Sisley et enfin un très puissant et caractéristique paysage de Cézanne.

Cette apparition de l'école moderne française, sous sa forme la plus osée, dans un musée national, à Berlin, suscita d'ardentes polémiques. L'empereur Guillaume II voulut se rendre compte personnellement de quoi il s'agissait. Il annonça sa visite à la Galerie où il déciderait du sort des tableaux. Ses préférences connues, pour l'art correct de la tradition, laissaient prévoir qu'ils auraient peine à trouver grâce devant lui. M. de Tschudi attendit la visite de l'Empereur, prêt à en subir les conséquences, mais, au dernier moment, il faiblit au sujet du tableau de Cézanne. Il l'écarta par exception. Il lui parut — il n'avait probablement pas tort — que si avec les autres, il conservait une légère chance de gagner l'Empereur, la vue du Cézanne la lui ferait sûrement perdre. L'Empereur venu en présence des tableaux de Manet et des Impressionnistes, ne les jugea pas plus favorablement que n'avaient fait autrefois les « bourgeois » parisiens. Il les fit enlever de la place choisie, où ils se trouvaient au premier étage, pour les tenir en un lieu moins apparent au second. L'Empereur parti, M. de Tschudi remit le tableau de Cézanne avec les autres.

Comme je racontais cette histoire de Berlin, dans une réunion à Paris, un homme du monde, connaisseur émérite de l'art du XVIIIe siècle, dit tranquillement qu'il comprenait très bien l'acte de M. de Tschudi, car cette *peinture d'anarchiste* ne pouvait causer que de l'horreur à un empereur. Je trouvai très caractéristique ce jugement persistant sur Cézanne, tenu toujours pour un insurgé par les traditionnalistes, et qualifié maintenant *d'anarchiste*, épithète équivalente à celle de *communard*, qu'on lui avait appliquée à son apparition, en 1874.

En l'année 1902, Cézanne qui avait supporté avec une grande philosophie le long mépris, se voyant enfin relativement apprécié, laissa entendre que, sans penser à faire lui-même aucune démarche, il accepterait volontiers, la décoration qu'on pourrait lui décerner, comme reconnaissance officielle de son mérite. M. Octave Mirbeau se chargea, après cela, de faire appel en sa faveur à M. Roujon, le directeur des Beaux-Arts. Voilà donc Mirbeau qui, accueilli par Roujon, lui dit qu'il vient lui demander la Légion d'honneur, pour un peintre de ses amis et Roujon, qui assure Mirbeau de sa bienveillance et du plaisir qu'il aurait à lui donner satisfaction. Mirbeau désigne alors Cézanne. A ce nom Roujon sentit son sang se glacer. Décorer Cézanne ! mais c'est lui demander de fouler aux pieds tous les principes remis à sa garde. Il répond donc par un refus péremptoire. D'ailleurs il serait prêt à décorer tout autre Impressionniste, Claude Monet en particulier, mais qui précisément ne consentait pas à l'être. Mirbeau se retira dédaigneux et Cézanne dut comprendre, que le fait d'être apprécié par une minorité d'artistes et de connaisseurs n'empêchait pas qu'il ne fût toujours tenu pour un monstre, dans les sphères de l'art officiel et de la correction administrative.

On voit en définitive que si Cézanne, par les particularités de son travail et de sa vie, a offert des faits singuliers à relever, le plus singulier aura été l'étonnant contraste existant, entre l'opinion formée de son caractère et sa véritable manière d'être. Cet homme, dont l'art aura paru être celui d'un communard, d'un anarchiste, dont on aura soustrait les œuvres à la vue des empereurs, qui aura causé la terreur des directeurs des Beaux-Arts, aura été un bourgeois riche, conservateur, catholique, qui n'avait jamais soupçonné qu'on pourrait voir en lui un insurgé, qui a donné tout son temps au travail, menant en réalité la vie la plus digne d'estime.

Cézanne devenu diabétique eût dû prendre des précautions en conséquence. Mais aucune considération ne pouvait l'amener à changer ses habitudes de travail. Il continuait donc, comme par le passé, à peindre en plein air. Un jour d'octobre 1906, où il peignait sous la pluie, il fut saisi d'un refroidissement et d'une congestion au foie. On dût le ramener chez lui, du lieu écarté où il se trouvait, dans une voiture de blanchisseuse. Le surlendemain du jour où il avait eu son accident, il sortit entre 6 et 7 heures du matin, pour travailler, en plein air, au portrait commencé d'un vieux marin. Il fut ressaisi par le froid. Il dut être de nouveau ramené chez lui et cette fois prendre le lit définitivement. Sa passion de peindre était telle que, malgré son mal, il se relevait de temps en temps pour ajouter quelques touches à une aquarelle, près de son lit. Il est mort à Aix, le 22 octobre 1906, on peut dire le pinceau à la main.

GUILLAUMIN

Armand Guillaumin est né à Paris, le 16 février 1841. Ses parents, originaires de Moulins, dans l'Allier, après avoir résidé à Paris revinrent dans leur ville natale, le ramenant tout enfant avec eux. Il fit ainsi son éducation à Moulins, où il demeura jusqu'à l'âge de 16 ans. Il fut alors envoyé à un oncle, à Paris, qui dut l'employer dans un magasin de lingerie qu'il tenait, *Aux mille et une nuits*, rue de la Chaussée-d'Antin. Mais le jeune homme n'avait aucun goût pour le négoce. Au lieu d'attendre le client derrière le comptoir, il allait se promener au bois de Boulogne, aux Musées du Louvre et du Luxembourg. La vocation artistique qui naissait et se développait, le mettait en divergence avec ses entours et le faisait prendre pour un paresseux, destiné à mal tourner.

En 1862 ne pouvant plus s'accorder avec sa famille, il la quitte et entre comme employé à la Compagnie d'Orléans. Il dessinait le soir et les dimanches, dès qu'il avait quelques loisirs. Il suit le cours de dessin de l'École communale, rue des Petits-Carreaux. Il s'y distingue. On lui décerne une médaille de bronze. Il s'élève, en 1864, à un échelon supérieur. Il va travailler à l'Académie Suisse, quai des Orfèvres.

C'est là qu'il fait la connaissance de Cézanne et de Pissarro. Il se lie d'amitié tout particulièrement avec Cézanne. Il quitte le bureau de la Compagnie d'Orléans, décidé à ne faire que de la peinture. Il peint des stores, pour essayer de vivre de son art. Il ne peut y parvenir et, tombé dans la gêne, il se cherche de nouveau un emploi. Il entre ainsi, à la fin de 1868, au service des Ponts et Chaussées, de la Ville de Paris.

Il continue, malgré tout, à s'adonner à ses études d'artiste et à peindre. Mais comme il est lié aux Ponts et Chaussées et ne peut aller travailler au loin, il peindra les vues qui s'offriront à Paris même, sur les quais ou dans la banlieue, à Charenton, à Clamart, sur les bords de la Bièvre. Aussi lorsqu'il se fut joint à ses amis Pissarro et Cézanne pour participer, en 1874 et en 1877, aux expositions des Impressionnistes, ses envois contribuèrent-ils pour leur part au soulèvement d'opinion, qui se produisit contre le groupe entier. A tout ce que les autres montraient, capable d'exciter le dédain, il ajoutait personnellement des sujets pris à des lieux où l'on ne croyait point alors qu'on pût s'arrêter : la banlieue de Paris, la lisière mal habitée entre la ville et la campagne.

Il exposait des tableaux dénommés, *Lavoir à Billancourt, Rue à Clamart, Route de Clamart à Issy*. Depuis, les notions d'esthétique se sont élargies. On a pensé que l'artiste avait le droit de promener les yeux sur toutes les parties du monde visible, que c'était de sa sensation devant la nature, que dépendait la valeur de la représentation à en donner. Les sites jugés auparavant les plus vulgaires, dans les faubourgs, le long des quais ou sur les remparts, avec les pauvres hères qu'on y rencontre ont été systématiquement choisis par des artistes en renom, comme motifs de leurs tableaux. Mais à l'époque où Guillaumin se produisait, on n'était point encore affranchi des vieilles conventions, on fuyait ces aspects du monde extérieur, jugés grossiers et prosaïques. Guillaumin, avec ses vues prises sur les quais, à Billancourt et à Clamart, venait donc ajouter des éléments de répulsion, à ceux que ses amis apportaient et une part du mépris général, que les expositions de 1874 et de 1877 recueillaient, lui était due. Il s'abstient à l'exposition des Impressionnistes de 1879, mais il prend part à toutes les autres en 1880, 1881, 1882, jusqu'à la dernière en 1886. De même qu'en 1874 et en 1877, les quais de Paris et la banlieue lui fournissent ses sujets. Cependant son cercle s'est élargi, il montre des vues prises à la pleine campagne. Il met à l'éxposition de 1886 une suite de paysages peints à Damiette, près d'Orsay. Il a aussi abordé le rendu de la figure en plein air, et, si ses œuvres de début étaient de tons un peu sombres, celles qu'il produira désormais seront d'une grande variété et d'un grand éclat de palette. Il restera des années au service des Ponts et Chaussées de la Ville de Paris, peignant aux heures de loisir et pendant les vacances. Il s'était marié, il lui venait des enfants, il ne pouvait se passer de son emploi. L'expérience tentée de vivre exclusivement de sa peinture n'avait pas réussi et la difficulté qu'il rencontrait toujours de vendre ses tableaux, même aux plus bas prix, lui montrait qu'une nouvelle tentative n'aurait pas meilleur succès. Il continuait donc son travail de petit employé, sans perspective prochaine d'être en mesure de s'y soustraire, lorsqu'un coup de fortune inattendu, en 1891, vint le favoriser. Une obligation à primes du Crédit foncier, en sa possession, sortit au tirage, lui procurant une prime de 100.000 francs.

Cette somme était pour lui le Pactole. Il abandonne alors son emploi. Maintenant que ses ressources lui permettent les déplacements, il ira au loin et ajoutera aux vues prises à Paris ou dans les environs, des motifs particulièrement pittoresques. Il va ainsi peindre d'abord à Saint-Palais-sur-Mer, à l'embouchure de la Gironde, puis, à diverses reprises, à Agay, près de Fréjus, sur la Méditerranée et encore en Auvergne et dans la Haute-Loire. La Creuse l'attire, il s'y rend régulièrement. Il a choisi Crozant, au confluent de la Creuse et de la Sedelle, comme centre. Les ruines du vieux château féodal qui domine Crozant et les sites pittoresques des environs l'ont séduit. En 1904, se cherchant un champ complètement nouveau, en mai et juin, il va peindre des vues de la Hollande, avec ses moulins et ses canaux, près de Saardam.

Il a exécuté, un certain nombre de gravures à l'eau-forte. Plusieurs ont été fournies, en 1876, à une publication, *Paris à l'eau-forte*, éditée par Richard Lesclide. Cézanne, à un moment où Guillaumin s'adonnait à l'eau-forte, voulut à son exemple s'y essayer. Il grava trois plaques. La plus intéressante offre un portrait de Guillaumin, assis par terre, les bras croisés.

Guillaumin a continué, l'âge venant, à peindre assidûment. Établi à Crozant, il s'est attaché de plus en plus au paysage de la Creuse. Il a su y découvrir, cette infinie variété, que la nature présente partout à ceux qui ont appris à l'aimer et à la connaître.

EN 1918

Les Impressionnistes ont maintenant acquis une telle renommée, ils sont à tel point tenus pour des maîtres, qu'on se demande si le récit fait dans ce volume de l'absolu mépris qu'ils ont d'abord rencontré, ne serait pas un simple grossissement de ces difficultés, qui accompagnent tous les débuts.

Mais non ! Les Impressionnistes à leur apparition ont été réellement honnis et bafoués, comme il est dit. Alors il y a lieu de s'étonner que, dans un temps relativement court, un changement ait pu se produire aussi profond, que celui qui a fait passer ce groupe d'artistes, d'une absolue réprobation au succès et à la gloire. Quelles ont pu être les causes profondes d'une telle péripétie ? Quelle est la véritable explication à en donner ?

Au commencement de ce volume, nous avons exposé les raisons immédiates, qui agissaient sur les spectateurs, pour leur faire trouver répulsif l'art des Impressionnistes. Mais les raisons que nous avons données ne constituaient, après tout, que les causes secondes de la répulsion et de la condamnation et, pour que les deux fussent aussi complètes, il fallait qu'elles vinssent d'autres causes, celles-là tout à fait profondes et agissant de très loin. Et c'est bien ce qui avait lieu.

En effet les œuvres impressionnistes se présentaient comme le point extrême d'arrivée d'un mouvement d'art, rompant, d'une manière radicale, avec le fond et la forme de l'art traditionnel, de l'art qui depuis des siècles avait été l'expression du sentiment national. Les œuvres impressionnistes survenaient ainsi comme des apparitions accentuant une révolution, qui se produisait dans le domaine de la peinture. Toutes les forces de la coutume, de la tradition, de l'inertie, qui s'opposent d'abord au changement, se levaient donc contre elles et prétendaient les étouffer.

La peinture en France a été un art essentiellement vivant, ayant sa racine dans les entrailles de la nation, quelles que soient les influences qu'à certains moments elle ait pu subir du dehors. Elle a fait partie de la vie même de la nation et s'est adaptée, pour en donner expression, aux modes de sentir et de penser, qui s'y produisaient successivement.

Au XVIIe siècle nous voyons, à côté de la floraison littéraire, une floraison artistique. Littérature et art revêtent des formes et des aspects semblables, reposant sur le classicisme latin. A cette époque le roi est une sorte de dieu, à côté de lui sont les classes dominatrices, la noblesse, le clergé. Aussi les productions littéraires, ne sont-elles faites en quelque sorte que pour ces privilégiés, auxquels elles présentent les hauts faits de rois, de guerriers, de seigneurs, d'hommes semblables à eux, qui seuls peuvent les intéresser.

La peinture avec Poussin et Lebrun donne, dans la même voie, des scènes où figurent les héros de l'antiquité et les dieux de l'Olympe. Les sujets religieux, qui répondent aux besoins religieux du temps, correspondent à la forme littéraire élevée de Bossuet et de Fénelon.

Au XVIIIe siècle la littérature s'est modifiée, pour s'adapter aux changements survenus dans les esprits, et l'art a subi des modifications analogues. L'attache au clacissisme latin a été recouverte par une superposition de légèreté, de volupté, de licence. Malgré cela, comme la société reste toujours au fond soumise à la prépondérance des mêmes puissances le roi, la noblesse et le clergé, c'est encore, en grande partie pour se plier à leurs goûts, que la littérature et l'art s'exercent. Ils vont encore chercher leurs personnages parmi les rois, les héros antiques, les dieux de l'Olympe. Si l'art en particulier regarde plus qu'il ne l'avait fait au XVIIe siècle dans le monde des entours, ce sont toujours des seigneurs et des dames parées qu'il représente. Lorsqu'il descend à vouloir rendre la nature champêtre, il la transforme. Il y introduit des bergers et des bergères, embellis de telle façon, qu'ils seraient mieux placés dans les salons que dans les prairies où on les montre.

La Révolution survient. Les classes qui avaient dominé la société ont été renversées ou réduites. L'art qui, aux XVIIe et XVIIIe siècles, avait donné des images faites pour leur plaire disparaît avec elles. L'art de la période révolutionnaire et de l'Empire a pris un aspect différent. Cependant il est revenu s'attacher, plus qu'on ne l'avait jamais fait, au classicisme latin. C'est que la République apparue s'appuie sur le souvenir de la République romaine. Elle va chercher ses titres, ses exemples, ses appellations dans la latinité. L'Empire, qui la remplace, se réclame pour sa part de l'Empire romain. Cette évocation dominante de l'antiquité, fait succéder aux formes voluptueuses du XVIIIe siècle, des formes rigides, où les traits du nu, devenu le fond du grand art, sont pris, par dérivation, à la sculpture antique. Les maîtres tiennent l'art dans la sévérité classique, David qui peint *Léonidas aux Thermopyles* et le *Serment des Horaces*, Ingres, après lui, qui peint *Œdipe interrogeant le Sphinx* et *l'Apothéose d'Homère*.

La forme d'art classique règne souverainement jusqu'au moment où apparaît, à côté d'elle, le romantisme. Delacroix est l'interprète en art de cet esprit nouveau, qui s'est fait jour dans l'imagination et la littérature. Les romantiques se sont dégagés des formules académiques des classiques, ils recherchent d'autres sujets qu'eux, mais ils vont toujours les prendre, comme eux, hors du cercle de leur vision et loin du monde, qui les entoure. Si les classiques se sont tenus aux héros antiques et aux dieux de l'Olympe, les romantiques manifestent une préférence pour les paladins du Moyen Age et les Orientaux.

Les classiques et les romantiques se partageaient le champ de l'art, en se combattant, lorsqu'en 1850 Courbet survint. Avec lui commence le changement radical, ce qu'on peut appeler la révolution qui, en se développant, aura son point extrême d'arrivée avec les Impressionnistes. Le réalisme de Courbet répudie ce qui caractérisait l'art de la peinture en France depuis des siècles, l'attache au classicisme latin. Avec lui disparaissent les héros de la Grèce et de Rome, les dieux de l'Olympe et aussi les paladins du Moyen Age et les Orientaux. Il s'est placé au milieu des bourgeois et des hommes du peuple de ses entours. Il les peint avec leurs traits propres et leurs costumes de chaque jour, il peint en même temps le paysage que lui offrent les bois et les rochers de sa terre natale. Il s'est montré rebelle à l'esthétique traditionnelle, qu'avaient suivie les classiques et même les romantiques, qui faisait considérer l'art comme devant s'élever dans une sphère à part, pour prendre ses sujets hors du monde vivant et choisir ses personnages, parmi ceux de l'histoire et de la légende.

La révolte se produit contre Courbet et son apport du réalisme. Les puissances attachées à la tradition, l'Institut, l'École de Rome, les maîtres enseignant dans les ateliers, les critiques, en grande majorité, prétendent faire avorter la formule nouvelle. Mais elle avait en elle la vie et l'avenir. Elle va grandir et se développer. Après Courbet d'autres s'engagent dans la même voie. En premier lieu Manet qui, au réalisme rustique de Courbet, fait succéder des sujets pris au monde urbain, à la réalité parisienne, et introduit l'emploi décisif des tons clairs.

Après Courbet et Manet arrivent les Impressionnistes, qui poussent à ses dernières limites le rendu de la vie, sous ses aspects réels et familiers. Les novateurs apparus les premiers avaient conservé une certaine attache avec le passé. Rousseau et Corot, venus pour rénover le paysage, y avaient encore fait entrer une part d'embellissement conventionnel. Rousseau y avait introduit le romantisme et Corot y avait conservé des nymphes. Même Courbet, le grand promoteur du réalisme, avait, peignant le paysage, choisi de préférence des sites remarquables par leurs traits exceptionnels. Les Impressionnistes, se produisant les derniers, ne font pour ainsi dire plus de choix dans la vie et la nature autour d'eux. Ils trouvent belles la vie et la nature, sous tous les aspects de la réalité.

Pissarro peint des potagers, des champs de choux, autour des villages. Il peint de vrais paysans, occupés à leurs travaux quotidiens. Claude Monet peint les bords de la Seine, avec leurs bateaux, leurs peupliers, leurs maisons de campagne. Il montre les meules, dressées dans les champs après la moisson. Renoir présente tout un monde féminin de petites bourgeoises, de jeunes ouvrières. Elles se sont substituées avec lui aux grandes dames des XVIIe et XVIIIe siècles. Quand il exécute des compositions, c'est pour représenter des déjeuners de canotiers ou les danses du Moulin de la Galette. Tous, dans le groupe impressionniste, ont suivi la même voie.

Une rupture aussi complète d'avec la tradition latine et les formes du passé ne pouvait manquer de soulever d'abord une instinctive révolte. Les habitudes du goût et de la vision se trouvaient bouleversées. Voilà ce qui explique les injures, les sévices, la misère que les Impressionnistes ont eu à supporter à leur apparition et que nous avons eu à raconter.

Voici maintenant ce qui va expliquer le succès, la gloire succédant, en un temps relativement court, à la méconnaissance et à la persécution.

Cette forme d'art qui, avec Courbet, Manet et les Impressionnistes, repoussait les formes de l'art traditionnel et répudiait l'attache au classicisme latin, ne faisait, en définitive, que s'adapter à un changement profond, qui s'accomplissait, en même temps, dans la culture de la nation. Ainsi les peintres réalistes et impressionnistes continuaient réellement, sans qu'on en eût d'abord conscience, à maintenir l'art de la peinture dans le chemin où il avait été toujours tenu, c'est-à-dire celui d'une étroite union avec les manifestations de l'esprit en littérature. Le changement qui se produisait alors en art correspondait en effet à celui qui se produisait dans la littérature et amenait les œuvres réalistes de Balzac, de Flaubert et de Zola.

C'est le fond même de la culture nationale qui se transformait. Si les formes de l'art et de la littérature rompaient avec celles du classicisme latin, c'est que le classicisme perdait, sur l'esprit de la nation, la prise qu'il avait eue si longtemps et qui, un moment, sous la première République et sous l'Empire, avait été irrésistible. Où en sont aujourd'hui les études latines ? Quels sont les esprits qui se meuvent, comme autrefois, dans le cercle de la littérature latine, qui s'y tiennent attachés ?

Aux rois, aux seigneurs des XVIIe et XVIIIe siècles, aux hommes du commencement du XIXe siècle, pénétrés par la culture latine, l'art avait montré les héros de l'antiquité, les dieux de l'Olympe, qui seuls pouvaient leur plaire. Mais les bourgeois et les gens du peuple sont dans un autre état d'esprit, à la fin du XIXe siècle. Devenus les maîtres à leur tour, ils demandent en art d'autres personnages, que ceux que l'on présentait autrefois, il leur faut l'image d'hommes semblables à eux, pris au milieu d'eux. Ils ont répudié l'attache à la tradition latine. Ils ne s'intéressent plus aux paysages s'inspirant de l'antiquité, ou empruntés aux pays exotiques. Ils veulent qu'on leur mette sous les yeux ces aspects de la nature, qui leur sont familiers. Or à ces besoins nouveaux, un art nouveau venait répondre.

En résumé les Impressionnistes, par leur innovation, portaient à complet développement, sans qu'on le vît d'abord, ces formes nouvelles que réclamaient la culture et l'état d'esprit transformés de la nation. Ils allaient en avant, pour être bientôt rejoints et suivis. C'est ce qui explique que leurs œuvres après avoir, à première vue, parues insolites et monstrueuses soient arrivées, en peu d'années, à jouir d'une faveur et d'une admiration générales.

BIBLIOGRAPHIE

DURANTY. — *La nouvelle peinture.* Paris, E. Dentu, 1876.
THÉODORE DURET. — *Les Peintres impressionnistes.* Paris, H. Heymann et Pérois, 1878.
THÉODORE DURET. — *Critique d'avant-garde.* Paris, G. Charpentier, 1885.
FÉLIX FÉNÉON. — *Les Impressionnistes en 1886.* Paris, Publication de la Vogue, 1886.
GEORGE LECOMTE. — *L'Art impressionniste.* Paris, Chamerot et Renouard, 1892.
BERTHE MORISOT. — *Exposition de son œuvre.* Préface, par Stéphane Mallarmé. Durand-Ruel, 1895.
GUSTAVE GEFFROY. — *La Vie artistique.* Paris, E. Dentu, 1892-1895. H. Floury, 1900.
ANDRÉ MELLERIO. — *L'Exposition de 1900 et l'Art impressionniste.* Paris, H. Floury, 1900.
CAMILLE MAUCLAIR. — *L'Impressionnisme, son histoire, son esthétique, ses maîtres.* Paris, Librairie de l'Art ancien, 1904.
ANDRÉ FONTAINAS. — *Histoire de la peinture française au XIX° siècle.* Paris, Société du Mercure de France, 1906.
THÉODORE DURET. — *Histoire des Peintres impressionnistes, Pissarro, Claude Monet, Sisley, Renoir, Berthe Morisot, Cézanne, Guillaumin.* Paris, H. Floury, 1re édition, 1906.
J. MEIER-GRAEFE. — *Auguste Renoir.* Paris, H. Floury, 1912.
Préface par OCTAVE MIRBEAU. Biographie par THÉODORE DURET *Cézanne,* Paris, Berheim jeune, 1914.
AMBROISE VOLLARD. — *Paul Cézanne.* Paris, Galerie Vollard, 1914.

A L'ÉTRANGER

JULIUS MEIER-GRAEFE. — *Entwickelung geschichte der modernen Kunst.* Stuttgart, Jul. Hoffmann, 1904.

Wynford Dewhurst. — *Impressionnist painting*. London, George Newnes, 1904.

Théodore Duret. — *Die Impressionnisten*. Pissarro, Claude Monet, Sisley, Renoir, Berthe Morisot, Cézanne, Guillaumin, Berlin, Bruno Cassirer, 1re édition, 1909, 2e édition, 1914.

Théodore Duret. — *Manet and the french Impressionnists*. Pissarro, Claude Monet, Sisley, Renoir, Berthe Morisot, Cézanne, Guillaumin, London, Grant Richards, 1re édition, 1910, 2e édition, 1912.

REMERCIEMENTS

Je ne saurais manquer de remercier les artistes, qui ont bien voulu contribuer à l'illustration de ce livre : MM. Lucien Pissarro, Renoir, Guillaumin.

M. Lucien Pissarro m'a donné à insérer *La femme aux poules*, un excellent exemple de son art de graveur, qui a fait partie d'un portefeuille de gravures, annoncé à Londres, sous le titre suivant :

TRAVAUX DES CHAMPS

A portfolio, containing six woodcuts designed by Camille Pissarro, engraved and printed by his son Lucien Pissarro.

1. Le Labour. 2. La Gardeuse de vaches. 3. Études. 4. La Femme aux poules. 5. Les Sarcleuses. 6. Femmes faisant des herbes.

Vingt-cinq portefeuilles ont été tirés à 12 guinées net.

MM. Renoir et Guillaumin m'ont, de leur côté, fait profiter aimablement de leur talent d'aquafortistes.

Th. D.

TABLE DES GRAVURES

Claude Monet. — En Hollande, dessin.	8
Renoir. — Jeunes filles. Eau-forte originale.	16
Pissarro. — La femme aux poules, dessin gravé par Lucien Pissarro.	24
Pissarro. — La grande route.	40
Portrait de Claude Monet par Renoir. — 1875	48
Claude Monet. — Bordighera	56
Claude Monet. — Les rochers de Belle-Ile	64
Sisley. — L'inondation à Port-Marly. Musée du Louvre.	72
Portrait de Renoir par Albert André. — 1912.	80
Renoir. — Le moulin de la Galette. Musée du Luxembourg.	88
Renoir. — Baigneuse. Eau-forte originale.	96
Berthe Morisot. — La jeune fille aux Tulipes	112
Cézanne. — Les joueurs de cartes	120
Cézanne. — Nature morte.	128
Guillaumin. — En Hollande. Eau-forte originale	136
Portrait de Cézanne par lui-même.	144

TABLE DES MATIÈRES

Pissarro 33
Claude Monet 49
Sisley 69
Renoir 81
Berthe Morisot 105
Cézanne 115
Guillaumin 135
En 1918 139

ÉVREUX, IMPRIMERIE CH. HÉRISSEY

www.ingramcontent.com/pod-product-compliance
Lightning Source LLC
Chambersburg PA
CBHW052300220526
45471CB00001B/419